财务自由

张伟 著

中国财富出版社

图书在版编目(CIP)数据

财务自由 / 张伟著. —北京:中国财富出版社,2019.6
ISBN 978-7-5047-6950-3

Ⅰ.①财… Ⅱ.①张… Ⅲ.①私人投资-基本知识 Ⅳ.①F830.59

中国版本图书馆CIP数据核字(2019)第117148号

策划编辑 张营营　**责任编辑** 齐惠民 李小红
责任印制 梁 凡　**责任校对** 刘瑞彩　**责任发行** 董 倩

出版发行 中国财富出版社
社　　址 北京市丰台区南四环西路188号5区20楼　**邮政编码** 100070
电　　话 010-52227588转2098(发行部)　010-52227588转321(总编室)
010-52227588转100(读者服务部)　010-52227588转305(质检部)
网　　址 http: //www.cfpress.com.cn
经　　销 新华书店
印　　刷 三河市天润建兴印务有限公司
书　　号 ISBN 978-7-5047-6950-3 / F·3038
开　　本 880mm×1230mm 1/32　**版　　次** 2019年11月第1版
印　　张 7.5　**印　　次** 2019年11月第1次印刷
字　　数 150千字　**定　　价** 48.00元

目 录

第一章

路漫漫其修远兮，
我们不能没有钱

找到财富的“聚焦点”

戴尔·卡耐基曾经在《人性的弱点》一书中写道：“设定明确的目标，是所有伟大成功的出发点。很多人之所以失败就是因为他们没有明确的目标，并且也从来没有踏出他们行动的第一步。”

他在书里记载了这么一则故事。

曾经有一个年轻人，大学毕业五年了，却仍然没有一份稳定的工作。因为不清楚自己的职业定位，年轻人匆匆跑来找卡耐基，卡耐基首先和年轻人聊了聊他的现状、所受教育以及从事过的工作等，交谈后，卡耐基对年轻人的情况有了深入的了解，随后，卡耐基问道：“你让我帮你选工作，可是你最喜欢的究竟是哪一种工作呢？”

“我……”年轻人一脸迷茫地回应道，“我真的不知道自己要做什么，所以今天找到了老师您。”听完年轻人的话，卡耐基按照自己对他的评估，帮他联系了几位企业老板，但到头来年轻人还是没有任何收获。他觉得每一种工作好像都不是自己想要的，担心自己做不好其中任何一种。

当这个苦恼的年轻人再一次找到卡耐基时，卡耐基思考了一分钟，对他说道：“你希望十年后的你是什么模样呢？”

年轻人沉思了一下，说：“我希望我十年后，能有优厚的待遇，而且能为自己和家人买一栋房子和一辆车。”年轻人说这话时有些腼腆，不知自己是否要得太多了。

卡耐基看了看他，向他解释道：“这其实是一种很寻常的想法。”然后继续说，“但，你现在的情形仿佛是跑到航空公司里说‘给我一张机票’一样。除非你说出你的目的地，找对你要到达的方向，否则人家无法卖给你。而事实上，除非我知道你的目标，否则无法帮你找工作。因为只有你自己才知道你的目的地。”

其实，卡耐基说的这个年轻人的故事并不特殊，许多人都遇到过类似的困惑，他们在自己的人生道路上，说不出一个具体的目标。他们关注和考虑的只有自己眼前的情形，而没有根据自己的实际情况对未来做一个整体的规划。在一切都没有想通的情形下，他们就急着上路，最终越走越糊涂，找不到方向。

记住：一个人要想有所成就，第一步便是要找到正确的方向。方向会指引一个人去努力奋进，会指引一个人分配好自己的时间和精力，心无旁骛地向一个方向前行。一个没有明确方向的人，只会浑浑噩噩，不停摸索，最终只会离成功越来越远。

爱斯在美国纽约一所名牌大学上学，学的是计算机专

业。毕业时，他被当地一家知名企业聘请，而且同时还收到另外几家企业的录用通知。但爱斯更想去世界五百强的企业任职，于是他果断地拒绝了这些企业的聘请。

经过一番努力，爱斯心想事成，进了一家实力雄厚的科研机构上班。在公司里，他是没有任何社会经验的“小白”，自然也只能做最基本的工作，上司安排他统计整理大量后台数据，这和他的专业以及他对自身的定位相差甚远。爱斯的心理落差十分大，也渐渐丧失了对工作的热情，工作中开始不断犯一些小的错误，工作心不在焉，数据整理出纰漏，出差时私自旅游。他经常被主管批评，但是他没有下定决心离开。几年过去了，爱斯在工作上没有任何提升，而且几年未接触专业，知识点都忘记了。再想换工作，也不容易了。

因为在公司一直没有什么进步，年轻的血液融进来后，他的位置也越来越尴尬，最后，他被公司炒掉了。

很多刚踏入社会的年轻人跟爱斯一样，血气方刚，认为自己无所不能，眼高手低，看不起中小型企业，但进入大公司又无法找到一个适合的位置，不情愿做基础的工作，最后就这样得过且过地混日子。

其实每个人都要从最基础的工作做起，没有谁生来就是大领导。要想找到适合自己的位置，最根本的一点就是要找到自己擅长的领域，全身心投入进去，专心在一件事上，早晚会有大收获。

每个人都有自己的性格，比如：有的人冷静沉默，有较强的逻辑思维能力；有的人情感细腻，善于与人沟通；有的人活泼好动，精力充沛……每个人都有自己的天赋，比如：有的人擅长社交，适合做营销、公关的工作；有的人擅长逻辑思辨，适合做科研工作；有的人体能好，适合做运动员、健身教练，等等。如果非让一个不善于沟通的人去做市场营销，那肯定不能完成业绩。

歌德说："你最适合站在哪里，就应该站在哪里。"只有把自己的天赋和才华放到适合的位置上，你才能茁壮成长，最终触摸到财富的金字塔。

世界上本来没有穷富之分

世界上本来没有穷人和富人之分，穷富之见也完全取决于一个人的态度：你若重视物质，可能就会用金钱来衡量一个人；你若重视精神，可能就看不到金钱，你也根本不在乎钱多钱少。所以，世界上没有绝对的穷人和富人，如果你尝试着改变一下自己的生活态度，也许就能过上自己想要的生活，成为物质世界或者精神世界的富人。

有一个人家里很穷，经常吃了这顿没下顿，有一位富

人见他如此落魄，心生怜悯，想帮他发财。富人送给穷人一头牛，并且鼓励他把荒地开垦出来，春天播种，待秋天有了收成，就不至于忍饥挨饿。只要穷人好好经营脚下的那片土地，好好耕种，早晚能摆脱贫穷。

穷人很感激，怀着美好的希望开始奋斗。对于没有养牛经验的穷人而言，喂养一头牛也不容易，他每天都要花一段时间放牛，慢慢地，他觉得很无聊，而且日子也越发艰难了，他很久都没有吃肉了。于是他开始盘算：不如先卖掉牛，去换几只小羊，还能先杀一只小羊来吃，剩下的羊再养大，生小羊，应该过不了多久，就能换到更多的钱。

穷人觉得自己的想法可行，便卖了牛，买了四只小羊，腌制了一只小羊，吃了很久，不过还没有小羊出生。后来日子艰难了，他又开始想，把羊卖了，买鸡，鸡生蛋快，用蛋换钱，生活应该很快就能改善，他猛拍脑门，自责之前怎么没有想到。

穷人实施了自己的计划，可惜他没想到，光靠鸡蛋养活自己都难，更别说有剩余的去卖了，日子没有变好，反而越发艰难了。最后他只能靠杀鸡填饱肚子，一只只鸡很快就被吃完了，眼看着只剩最后一只鸡了……

春天来了，热心的富人送来了种子，他想着穷人的生活应该提高了不少，但他一进门，发现穷人瘦骨嶙峋，牛也不见了，在他身上，更见贫寒。

富人也糊涂了，不清楚穷人怎么就落到了这步田地。

在机遇面前，穷人因为目光短浅，无法承受眼前的压力，习惯了半途而废，最终把富人给的致富成本都消耗光了，只能继续当穷人。

环境能够改变和影响一个人的命运。如果一个人长期生活在穷困之中，久而久之，思维和言行都成了穷人的模式，难以建立对财富的理性认识，所以，他很难用一种平和的心态去学习富人的投资理财方法。一个长期生活在穷困环境下的穷人，要想变富，首先要做的便是改变思维。

在花费上，一些穷人往往觉得钱都是要花掉的，因此，在一些没必要的消费上都特别慷慨，最终白白损失了很多资本。更有些喜欢挥霍享乐、贪图一时安逸的人，等到钱都花光后，可能就不择手段，最终走上犯罪的道路。相比而言，很多富人都是很“小气”的，他们把钱当资本，只在必要的地方消费，即便钱再多，他们也不会乱花一分钱。

富人之所以能成为富人，并不是天生的。穷人要学习他们对金钱的认知，对消费的选择，对工作的态度，对时间和交友的平衡，以及最重要的一点——学习富人的理财思维。

何为理财思维呢？简而言之，在富人手里，钱能生钱，在穷人手里，钱只会越来越少。从理财观念来看，穷人往往想着靠高收入和攒钱来变得富有，但是单纯地依靠攒钱，并不能实现财务自由。而富人懂得花钱，懂得投资，懂得让钱代替人去工作，会把钱花出去创造更多的钱，让金钱为自己工作，而不是做金钱的奴隶。这才是最高级的理财

思维。

世界上不存在永远的穷人，也不存在永远的富人，每个人都要尝试着改变自己对待生活的态度，不管身处怎样的境地，你都要保持乐观的心态，学习持续赚钱的能力，学会投资，并懂得规避风险。

不必纠结一时的成败得失

犹太人的智慧羊皮卷《塔木德》里记载了两则故事。

第一个故事，是关于“逆境”的。

商人齐哈撒在55岁时做砸了一笔大生意，几乎赔光了所有积蓄。为了偿还债务，他还向朋友借了一笔钱，而且变卖了自己的房子和家中值钱的物品。在他人生最艰难的时刻，他的妻子难以忍受贫穷，带着孩子离开了。齐哈撒悲恸欲绝，自觉没脸面再留在家乡，于是他带着心爱的狗和自己喜爱的书离开了。

在一个大雪纷飞的冬夜，齐哈撒来到了一个偏僻的村庄。可是，村里没人愿意收留他。无奈之下，齐哈撒只能寄居在路边破落的茅草棚里，令人意外和欣喜的是，茅草棚中有一盏油灯。齐哈撒感激涕零，虽然没有东西吃，但是有一盏灯看看书也不错啊。齐哈撒用身上仅有的一根火柴点燃了油灯，灯亮后，齐哈撒觉得暖和起来。可是棚外的风呼呼地刮着，一阵狂风吹进来，油灯灭了。四周陷入一片黑暗中，齐哈撒的心也凉了。

第二天早上醒来，齐哈撒发现自己的狗不见了，他一阵阵大声呼叫着狗的名字，可是没有任何回应，他知道狗多半已遭遇不幸了，因此心下一阵绝望，不知世界上还有什么东西是属于自己的。

他环顾四周，准备与世界告别。可是，他突然发现，整个村庄都太安静了。他有一种不好的预感，于是决定出去看看。

当他来到村子里，出现在他眼前的是一幕惨绝人寰的景象：昨天还与自己打过招呼的人，今日就横尸街头了，村子里一片狼藉。齐哈撒意识到，村子昨夜遭到了匪徒的洗劫，他在村子里走了一圈，最后发现，除了自己，再没有一个活口。

齐哈撒对昨夜的洗劫毫无察觉，但他庆幸自己还活着，虽然自己前一秒还想着结束生命。想着想着，他决定坚强地活下去，这么多村民失去了性命，但他还安然无恙地活着，这或许是上帝的恩赐，他不应该轻生，只要还活着，一切都能够重来。

功夫不负有心人。齐哈撒离开村庄，凭着自己的努力，再一次过上了富裕的生活。

第二个故事，是关于“得失”的。

菲斯是一个画家，可惜买他画的人很少，但他心态很好，即便没人欣赏他，他也没有很伤心，他依然开心地活在他的画里。

有一天，菲斯在朋友的劝说下，花两马克买了一张彩票，运气不错，他赚了50万马克。有了这笔钱，菲斯买了一套房子，他把房子好好装饰了一番。他的品位不错，买了世界各地的奇珍异宝，地毯、橱柜、书桌、台灯等都是从古玩市场淘来的，一派小资模样。菲斯很喜欢自己的房子，也喜欢现在的生活。

有一天，他习惯性地把烟头往地上一扔，然后便出门看朋友去了。没有被掐灭的烟头一点一点烧着了地毯，最后，整个房子都燃烧起来了。

等菲斯从朋友家回来时，房子成了一片火的海洋。他的朋友都为他感到惋惜，认为他太不幸了。

可是菲斯并不这样看，他答复朋友，自己不过是损失了两马克而已。

“享受赚钱的过程，并热爱它。”这是很多富人都坚信的一个理念。他们认为，钱是赚不完的，所以不必纠结于一两次的得失，只要自己信念犹存，随时可以拿回自己失去的。正是因为有这样的好心态，所以他们享受赚钱的过程，并且不害怕失败。

在赚钱的过程中，人人都要学习这样一份乐观的心态。可能你现在很穷困，但你要去学习，去奋进，去思考，去寻找，享受当下的生活，享受赚钱的乐趣，不要自暴自弃，即便过程十分艰难。

致富的字典里没有“不可能”

在富人的字典中，从来没有“不可能”三个字。他们在接手每一个项目时，都不会想着“不可能”三个字，他们会在言谈和脑海中排除它，只记得“可能”和“全力以赴”。

古时候，有个人因冒犯皇帝被判了死刑。行刑前，他向皇帝保证，他可以在一年内教会御马在天上飞。皇帝将信将疑，囚犯被恩准缓刑——如果不成功，他将被施以更残酷的刑罚。但，不到一年，国家发生了暴乱，囚犯乘机越狱逃跑了。

囚犯聪明地想到了“缓兵之计”的办法，一年之内，国王可能会死掉，马也可能会死掉，谁也不能预测一年内

将要发生的一切。也许，那马真的能学会飞了呢？

马在天上飞，谁都知道是不可能的；一个被判死刑的囚犯，谁都认为他不可能活下来。可是，他却用一个“不可能”挽救了另一个“不可能”。由此看来，在任何“不可能”面前，我们都不要坐以待毙，要积极地去想去做，努力寻找生机和出路，相信奇迹。

从古至今，那些成功人士在他们所走过的路上创造了一个又一个奇迹。他们未曾被困难打倒，他们相信奇迹，所以，他们最终创造了奇迹。

在埃及流传着一则古老的传说。

埃及有一片沙漠方圆150平方千米，常年酷热无雨，是一片不毛之地。然而在沙漠里巍然屹立着一株繁茂的大树，这棵树，人称巴旦杏，树高不过一丈，需两人环抱，据说树龄已有1600多年了，它是整片沙漠里的一个奇迹，引得无数人前往观光。

这棵树是一个名叫约哈尼的人种的，约哈尼十三四岁的时候决心皈依伊斯兰教。圣者为了考验他的决心，把一根巴旦杏树枝制成的手杖插在沙漠里，并对约哈尼说：“你要一直浇水，直到这树扎下根，结了果为止。”

巴旦杏树生命力顽强，往往扦插就能成活，但任何植物的生长都离不开水，沙漠中最缺的就是水。圣者插下手杖的地方，离最近的水井也很远，至少要一天的路程。同时，还有一个难处是，井里的水也很少，要把大大的水缸装满，需要十来个小时的时间。

总而言之，这是一件很难完成的任务。不过，约哈尼意志坚定，没有放弃。他日夜不停地挑水，因为只要停顿一天，巴旦杏树就活不了，约哈尼坚持了整整三年，等来了巴旦杏树的发芽、开花以及结果。

他创造了奇迹。

最终，这份奇迹，代代相传了下来。直到今天，附近寺院里的继承者们，仍和当年的约哈尼一样，辛苦执着地为那棵老树浇水灌溉。

很多人在面对困难时，常常自我设限，认为自己做不到，认为不可能完成，其实很多不可能只存在于我们的想象中，要相信自己，唯有如此，才能创造奇迹。

迪士尼乐园的路径设计在1971年的伦敦国际园林建筑艺术研讨会上，被评为世界最佳设计。是谁创造了这份荣耀呢？是世界建筑大师格罗培斯。

格罗培斯作为迪士尼乐园的首席设计师，对一切都运筹帷幄，可惜唯独对各景点之间路的连接设计迟迟没有想出一个让人满意的方案。迪士尼乐园即将开园，格罗培斯也很焦急。

有一天，他乘车去了法国南部的一个小山谷，那里漫山遍野都种满了葡萄。他来到一处采摘者众多却无人看管的园内，葡萄园内有告示写着：你只要在路边的箱子里投

入五法郎就可以摘一篮葡萄带走。格罗培斯突然有了灵感：葡萄园主人给了游客绝对的自由，也正因如此，这一片葡萄林里的葡萄采摘者总是最多的。人人都喜欢自由、开放的环境。

回去后，格罗培斯就给施工部下了命令：撒上草种，提前开放。

迪士尼乐园提前开放了半年，没有什么让人尖叫的小径，游人可以自由穿梭，绿油油的草地被踩出了很多小道。第二年，格罗培斯按照这些踩出的小道铺设了人行道，迪士尼乐园独特的路径设计至此便完成了。

在追求财富的路途中，你要有一颗敏感的心以及与众不同的视角，仔细观察身边的一切事物，多去思考人、事、物三者之间的联系，分析清楚每件事的前因后果。最后，无数灵感和启发就会抵达你的大脑，让不可能成为可能。

没有风险，就没有成果可言

世界上很多事都是有风险的，面对风险，每个人有不同的抉择，但唯有勇敢，不畏艰难，敢于冒险，才能有出头之日。如果一直活在一种安稳、没有任何突破的环境中，谈何收获和成长？

《新约·马太福音》中有这样一个故事，国王远行前交给三个仆人每人一锭银子，并让他们在他远行期间去做门生意。国王回来后，把三个仆人召集到一起，发现第一个仆人已经赚了十锭银子，第二个仆人赚了五锭银子，只有第三个仆人因为怕亏本，不敢冒险，什么生意也不敢做，最终还是攥着那一锭银子。于是，国王奖励了第一个仆人十座城邑，奖励了第二个仆人五座城邑，第三个仆人认为国王会奖给他一座城邑，可国王不但没有奖励他，反而下令将他的一锭银子没收，奖给了第一个仆人。国王的理由是："少的就让他更少，多的就让他更多。"这个理论后来被经济学家运用，命名为"马太效应"。

世界上任何领域的成功者，在最初都是靠着满腔热血和勇气闯天下的人，他们不畏艰难，敢于以身犯险，去做第一个吃螃蟹的人，这样的精神是一个创业者、投资者必备的，要做就要做第一个，绝不屈于人后。

对于一个白手起家的人而言，他的成功只能靠"拼"，任何成就的取得，都伴随着一定的风险。

据统计，《福布斯》榜单上很多人都是靠"把所有鸡蛋放在一个篮子里"获取财富的，他们敢冒风险，因此能收获满满的荣耀。

心理学指出，当一个人能够控制恐惧时，他便能控制

自己的思想与行动。他的自控力能让他在纷繁复杂的环境下，仍然处变不惊，他不害怕任何不确定后果，即便再艰难，他都能做出该做的决定。当结果并不如所愿时，他也能承担失败的后果。这种临危不乱的勇气和冒险精神，正是成功者必备的素质。当然，勇于冒险的成功者，并非不怕风险，只是他们能看清风险，也能承担风险的后果，所以，他们最终克服了对风险的恐惧。想要获得成功，就要去了解风险，控制自己内心的恐惧。

一个成功的人，一定要先摒除规避风险的习惯，要敢于冒险，在生活中，也要不断培养自己的冒险精神。不要害怕风险，克服恐惧，大胆一试。如果想要获得高期望报酬，在投资时，就要随时做好准备承担高风险的糟糕结局。对于投资者而言，处处小心谨慎，终究难有所成。没有冒险精神，梦想将永远都只是梦想。

每个追求财富的人都应具备承担风险的能力。在许多富豪眼里，每一次的风险背后都藏着一份巨大的宝藏，即使是失败，他们也能有所收获。正所谓，风险越大，回报越高。

富豪们长期以来就是在做“风险管理”的工作，他们谈判，他们投资，他们经营一个公司，都是在与许许多多的风险抗衡。若要在一个领域活下来，本身就需要很强的“风险管理”意识。生意场上，风险和变数太多了，一个决定就攸关企业生死，富豪们自然也是准确把握了这样的风险，才有了之后的传奇。

比如盛大集团创始人兼总裁陈天桥，曾以50万元启动资金和20名员工为基础，创立了盛大网络有限责任公司，背水一战，取得了今天的财富与地位，不得不说，这是冒险之后得到的硕果。

风险的大小和利益的多少是成正比的。如果风险小，许多人都会紧跟着去追求这种机会，因此利益也不会很多；如果风险大，许多人就会望而却步，最终能收到的利益自然也不会少。从这个意义上来说，有风险才有利益，利益就是对人们所承担风险的一个补偿。

冒险是勇士的信仰，不敢冒险的人是无法获得荣耀的。希望大家遇到好的机会时，不要因为害怕而错失良缘，好好利用它，不要让它从你身边轻易地溜走。

实现梦想，需要很多很多钱

虽然钱不是最重要的，但钱确实能解决生活中大部分的难题。比如，很多人说，想要去看世界，想要去追求诗和远方，最终却“苟且”了，因为没钱。实现梦想当然需要很多很多钱。

如果你是朝九晚五的公司职员，每个月有固定的收入，当然，也有固定的支出，可能扣除衣食住行的固定支出后，你的工资所剩无几。

如果你并不安于现有的生活水平，你想让自己的收入能够成倍地增长——从一月五千元到一月一万元，改变之后，又能如何呢？

除了日子比之前好一点之外，似乎也改变不了更多，比如，你依然无法实现财务自由，无法让家里人过上更好的生活，你肯定觉得十分忧伤。

随之而来，你产生更多赚钱的欲望，你开始把目标定在两万元。

如果这样不停地追求下去，你可以赚到更多，十万元，百万元甚至千万元。

当然，这一切的前提在于你敢于进取，你不安于现状。

对于成功者而言，很需要这样的欲望。

一个有钱人辛辛苦苦地积累着财富，但只要稍有一点放松，他就会受到奢侈品的诱惑。一个穷人辛苦地工作以维持他简单的生活，当他放松一下，就会发现自己无法生存。

可见，穷人比富人更不能放松。大家都要正视金钱，钱是生存的必需。很多家庭都会因为钱发生纠纷，大部分感情的破裂，也和钱分不开。所以产生了一些俗语和格言，如“金钱是万恶之源”“贫穷使人违法”“贫穷比50种灾祸还惨”“身体的所有部分都依靠心而生存，心则依赖钱包而生”等。

下面这个寓言故事中，两个年轻人截然不同的际遇，可以很好地说明这一点。

在一次严重的地震之后，两个年轻人幸免于难，活了下来。经历了一连几个月的穷困饥寒之后，他们心中升起了同样一个愿望——要赚很多钱，成为富人。他们相扶着走了很远的路，但始终没有定下来要在哪里停下来发展。走啊走，他们遇到了一位老人，老人和他们聊了很久，这位有智慧的老人告诉了他们藏宝之地。

两个年轻人喜极而泣，开始向藏宝地前行，不过沿途困难重重，荆棘丛生，他们比之前更辛苦，更疲累。突然有一天，暴风雨来了，他们只能暂时避居在一个村落，一连几天，天气都不好，他们无法前行。在一个雷雨交加的夜晚，两个年轻人分别想起了自己已去世的父亲，也想起父亲生前对于财富的一些言论。

两个年轻人的成长环境截然不同，一个年轻人出生在富裕家庭，而另一个年轻人生在穷苦人家。

富人的父亲告诉儿子，财富很美好，当你拥有它之后，可以用它来帮助很多人。

穷人的父亲曾跟儿子说过，金钱是万恶之源，它会使人坠入深渊，它很肮脏，它创造了很多不平等。

想起父亲的话，穷人家的儿子决定停下脚步，他不想再继续追逐财富了，任凭同伴如何劝说，他都不愿前行了。

后来，富人家的年轻人得到了那笔宝藏，并拿那笔钱开创了自己的事业，救济了很多穷人，成为备受当地人尊重的富人。而那个放弃了财富的年轻人呢，没过多久，就死在了饥寒中。

在我们的生活中，有很多像穷人家少年那样的人，他们一边渴望着财富，一边又安于现状，而且还用“金钱是万恶之源”这样的话语来宽慰自己，不去追求财富。这是很多人不能走向富有的根本原因。

金钱是什么样的存在？很多人都把钱想得太糟糕了，如果一个人不能树立一个健康的金钱观，只看到金钱带来的种种人性之恶，莫名其妙地仇视金钱，面对富人时，也总是挑剔对方身上的缺点，这样的人，终究无法获得财富。从某种意义上来讲，你对金钱的看法，往往就决定了你会拥有多少财富。

人人都要正确看待金钱，然后好好赚钱，不要让你的梦想因为缺钱被扼杀在摇篮中。

本章链接：

测测你的金钱观

亲爱的读者，下面有一个小测试，可供你了解自己内心深处对金钱的感觉和情绪。

下列说法对你来说哪些是对的，哪些是错的？你认为对的在题后的括号里画“√”，你认为错的在题后的括号里画“×”。

1. 尽管我赚的钱不少，我还是觉得不够用。 （ ）

2. 不管我的钱放在哪里（余额宝、理财产品或者投资房地产），我都会担心，怕它们贬值。 （ ）

3. 我不懂，为什么有些人赚钱比我少，还能感到快乐？ （ ）

4. 为钱烦心，在我看来很不值得。 （ ）

5. 我终于得到了想要的钱，可是我并没有预料中那么快乐。 （ ）

6. 我一想起过去几年浪费掉的钱，心情就不好。 （ ）

7. 如果我有更多的钱，我会更快乐。 （ ）

8. 我常会想一些我喜欢但又买不起的东西。 （ ）

9. 我对自己有多少钱知道得很清楚，我每天都会记账。 （ ）

10. 能不能赚到更多的钱，对我来说并不重要。 （ ）

11. 一天到晚为钱烦心的人无法享受人生。（ ）

12. 当我置身于比我有钱的人当中时，我会觉得不舒服。（ ）

13. 我常常觉得，别人总是想占我的便宜，对我的钱盯住不放。（ ）

14. 生活好坏并不能以赚多少钱来衡量。（ ）

15. 如果我和比我有钱的朋友出去，我认为花钱时该由他们来付账。（ ）

16. 我不会为了多赚钱就放弃自己的原则。（ ）

17. 我必须有一笔钱，能让我在财务上拥有五年至十年的安全保障。（ ）

18. 我通常都可以得到我想要的东西而不必担心钱。（ ）

19. 当我没有多余的钱时，我通常会感到一筹莫展。（ ）

20. 要达到我希望的那么有钱，实在要花费太多的时间。（ ）

题号答案：

1.× 2.× 3.× 4.√ 5.× 6.× 7.× 8.× 9.× 10.√ 11.√ 12.× 13.× 14.× 15.√ 16.√ 17.× 18.√ 19.× 20.×

请对照标准答案，与标准答案一致记1分，否则不记分。

测试结果：

得分在0~6分的人：

你对财富没有安全感，而且对自己的财务状况感到十分焦虑。你很想要获得金钱，不过因为心态不好，有时候越焦急越得不到，这种心态会形成一种恶性循环，慢慢地打压着你，让你感受到极强的挫败感。建议你要摆正心态，金钱的多少不等于人生的满足程度，你要正确看待金钱，如此才能获得较大的成功机会。

得分在7~9分的人：

你比上一组的人要好一些，不过对待财富依然会有很强烈的不安全感。你通常很重视大众意义上的成功，甚至也不惜一次次改变自己去获取这样的成功。长此以往，很快就会麻木，找不到生活的意义，那就得不偿失了。你最好清楚自己想要的是什么，而不仅仅是要去赚多少钱。

得分在10~13分的人：

你的不悦感来自比较，觉得别人赚得比你多，你总是不满足自己的当下，想要获得更多的财富。但你要有足够的力量来寻求这种改变，努力发挥自己的才能，安全感、满足感以及财富就会跟着来。

得分在14~16分的人：

你的财富观念很理想，你可以支配和掌握生活中的方方面面以及财富，你有一种强大的力量，这种力量足以让你获得成功。

得分在17~20分的人：

你对自己的现状很满意，对自己的财务状况也很满意，你几乎没有焦虑，也不在意是否成功。希望你是真的满意，而不是为自己创造了一个“乌托邦”。

第二章

请置顶你的赚钱能力

打破常规，走少有人走的路

如今的市场竞争是很残酷的，一条路有很多人走之后，要想推陈出新，获得成功，是很难的。但是如果你努力去打破常规，不走寻常路，就能事半功倍。

美国经济大萧条时期，住在缅因州的一对夫妇，想要把自己的一座老式旅馆卖出去。可惜，房地产业太不景气了，即便他们的旅馆建于19世纪，受很多人的喜爱，可是销售的广告挂出去后很久都无人问津。

夫妇二人为此事烦恼不已。有一天晚上，夫妇二人又在筹划着如何将小旅馆尽快售卖出去，他们想啊想，终于想到了一个奇妙的办法。第二天，夫妇二人就在一家报纸上刊登了这样一则广告：要求参赛者撰写一篇250字的短文，文章的开头是“我希望拥有像森特拉弗里这样的旅馆”的句子——他们的旅馆名叫“森特拉弗里”。后面的内容，则由作者自己想象续写。不必妙语连珠，但要情真意切。本次比赛将评选出最优作品，而奖品便是这家旅馆。

附带的条件是，每位参赛者必须同时寄上100美元的参赛评审费。落选者恕不退还。

100美元，对很多人来说，都是小数目，而且250字的短文，对大家来讲，也不难，奖品可是旅馆呀！这则广告一时间吸引了很多人，共计有8000多人报名参赛。光报名费，夫妇俩就收了不少，足以抵得上旅馆的价值。

一个小小的改变，一个新的思路，得到了意想不到的结局。

对于财富增长来说也是如此，不要被固有思维所限，要跳脱出来，去不断创新。

委内瑞拉石油界巨子拉菲尔·杜德拉，也正是凭借着如前文中旅馆夫妇一般的灵活变通，在不到20年的时间里，创造了自己的辉煌。

20世纪60年代中期，杜德拉在委内瑞拉的首都加拉加斯经营一家玻璃制造公司。他对自己当时的状况并不满意，因为他学的是石油工程，他也相信自己能在石油界大展拳脚，实现自己的抱负。

可惜一直没有什么机会。直到有一天，他的朋友告诉他，阿根廷打算从国际市场上采购2000万美元的丁烷气，听到这个消息后，他决定前往阿根廷，希望拿下这笔生意。

到达阿根廷后，他才知道已经有两个大牌企业在争取了。他知道自己的处境，面对两个强劲的对手，他没有放弃，决定采用迂回战术。

当时，阿根廷的牛肉过剩，急于找到销路。他灵机一

动，意识到幸运之神降临了。他找到阿根廷政府的负责人，跟对方说，如果你们向我购买2000万美元的丁烷气，我便帮你们把2000万美元的牛肉卖出去。阿根廷政府负责人听到这样的话，很开心，当即便跟杜德拉签订了合同。

杜德拉手里没有丁烷气，他很快飞去了西班牙，当时西班牙有一家大船厂，由于缺少订货而濒临倒闭。西班牙政府很关心这家船厂的命运，想挽救这家船厂。

杜德拉又发现了机会，他跟西班牙政府负责人商谈，说："假如你们向我买2000万美元的牛肉，我便在你们的船厂订制一艘价值2000万美元的超级油轮。"

西班牙政府负责人对此求之不得，又立即成交了。杜德拉通过大使馆，与阿根廷政府负责人联络，请求他们直接把他所订购的2000万美元的牛肉，运到西班牙。

杜德拉把2000万美元的牛肉转销出去之后，继续寻找丁烷气。他找到了美国费城的太阳石油公司，见到了公司负责人，杜德拉对他们说："如果你们能出2000万美元租用我这艘油轮，我就向你们购买2000万美元的丁烷气。"

太阳石油公司接受了杜德拉的提议。杜德拉以此进入了石油业，经过一番辛勤打拼，他实现了自己的梦想，成了石油界的巨星。

很多人在遇到困难时，首先会把困难放大，给自己预设无法完成的结局，自然无法突破。面对困难时，应该像杜德拉一样学会变通，转换固有思维，一切就会走向坦途。

当然，遇到问题时一定要先找到问题的关键所在，然后逐一击破。

商业界有一条神乎其神的经营法则——三角经营法。这一法则是日本企业家通口俊夫摸索得出的。

通口俊夫开了一家药店，创业初期，他沿着铁路线开了三家店，不过，生意特别差。

有一天晚上收工后，他心情很低落，因为生意不好，感觉自己已经撑不下去了，他十分焦虑店铺的生存问题。在回家的路上他也不能停止焦虑。一路上，刚刚放学的孩子们开心地玩闹着，悦耳的声音一次次在通口俊夫耳旁响起，打断了他的思绪。他抬起头，目光被一个孩子手上转的三角板给吸引住了。灵光一现，通口俊夫想到了解决自己店铺生存问题的办法："是的，我的三家店位于同一条直线上，所以有效客源无法集中，应该三角鼎立，如此两点连起线来，就能确保中间的客源了。"

不久，他关闭了两家店，另外又开了两家新店，三家店鼎足而立。没多久，生意就好转了。后来，通口俊夫用这种方法陆续开了上千家店，成了医药界的龙头老大。

美国一位著名的商业人士在总结自己的成功经验时说：他的成功就在于他善于变通，他能根据不同的困难，采取不同的方法，最终克服困难。对于善于变通的人来说，世界上不存在困难，只是暂时还没想到解决的方法！

盈利的万能钥匙——信息

世界上本没有路，走的人多了也就变成了路。其实世界上也没有什么不可做的生意，第一个去做的人自然处处会遇到艰辛，但也得到了赚大钱的好机会。进入一个成熟的市场不如自己开辟新疆场。当然，做这一切，需要你对整个市场有深刻的认识和把握。

小蓝在腾讯待了快七年，也许是到了传说中的“七年之痒”吧，他一天都待不下去了，想要出去做自己的事。这几年是互联网创业的红利期，小蓝决定趁机辞去腾讯的工作。辞职后，他开始了艰难的内容创业，他的定位是金融理财。他一直对财经感兴趣，他把自己多年来的一些理财投资心得整理成文。通过公众号把一篇篇干货传递到了读者手中。

不过，关注他的人数没什么大的增长，而且他发现自己已经没什么好分享的了。一直以来，为了输出，他很久都没有输入了，有时候对着电脑半个小时一个字都敲不出来。这对小蓝来讲，确实太难了。

看着一个个大号崛起，小蓝无比失落。他也自我怀疑过，不知道自己的定位是否正确，但他就是对现在的“不专业”深恶痛绝，理财产品有很多，人人都想理财，可是又有谁是真的去了解和分析过理财呢？因为信息的不对称，所以市场上是需要这样的知识传播的。

坚定了这样的信念后，小蓝不再焦虑。他不跟热点，不“贩卖鸡汤”，踏踏实实地做了一年，之后取得了显著的成绩，有了爆文，得到了很多大号的推荐，公众号的表白墙上每天都能收到很多人的表白。他的努力使他成了垂直领域的佼佼者。

有一句话说，上帝在关上一扇门的时候，其实也会为你留一扇窗。做任何事都如此，别人不看好的时候，只要你自己坚定信念，就一定能从那一扇窗里有所收获。

信念从何而来？当然来自你对财富、对市场、对你要从事的行业的认知和了解。

当你进入一个行业时，若你一无所知，盲目前行，只会走向末路。

企业界里有一句话是这样说的：“信息就是财富，信息就是资源。”也有这样一句行话：“信息不通，六脉不合；信息驾到，招财进宝。”对于一个创业者而言，要了解熟知所有信息，做好调查研究，这才是做大事的第一步。

明朝思想家王阳明说：“知者行之始，行者知之成。”“知”是一切行动的开端，无论做什么事，都要先了解和掌握其原委，要“知其然”，也要“知其所以然”，之后，才

能预见未来的种种可能。

《孙子兵法·谋攻篇》曰：“知彼知己，百战不殆。”这句话讲了同样的道理：在战场上，只有既熟悉自己，也熟悉对方，才能所向披靡、战无不胜。《孙子兵法》里的计谋，不仅适用于战场，也适用于商场。只有知己知彼，才能运筹帷幄之中，决胜千里之外。

一次，亚默尔偶然在报纸上看到一则信息：“传闻墨西哥畜群出现了大量的病畜，当地有关专家怀疑这可能是一种传染性极强的瘟疫导致的。”凭着这一条不确定的信息，亚默尔陷入了思考。

如果这条消息来源可靠，情况属实的话，一旦瘟疫传入与墨西哥相邻的加利福尼亚州和得克萨斯州，美国政府必然会禁止这两个州的肉食进入美国东部地区。由于这两个州是全美主要的畜牧区，只要一遭到禁运，势必造成全国肉食短缺，肉价暴涨。这是一个商机。

为了搞清楚其真实性，亚默尔派他的私人医生火速赶到墨西哥进行实地调查，并找有关专家进行核实，从而了解到墨西哥畜群所感染的确实是一种传染性极强的瘟疫。

确定这一消息属实后，亚默尔当机立断，倾其所有资金，迅速从加利福尼亚州和得克萨斯州购买了大量肉食和活畜，发运到美国东部地区囤积起来。

最后，事态的发展确实如亚默尔起初预料的那般，墨西哥瘟疫传来了，美国政府发出了禁运令。随之而来的便是美国肉类市场供不应求，肉产品价格急剧上涨。亚默尔在这次事件中一举赚了900万美元。

美国经济管理学界有这样一个著名的论断："成功的经营决策，取决于90%的可靠信息，加上10%的正确判断。"由此可见，对准确信息的掌控在经营决策中起了关键作用。很多事实表明：对最新消息掌握得越及时，越准确，就等于越早拿到了一把打开成功之门的钥匙，在行动中，更容易做出有利的决策。

商机并不只偏爱别人

很多人对"商机"二字敬畏有加，觉得自己得不到商机，经常感叹："这可是了不得的东西，我们普通人可发现不了！"如果你这样想，那你可能真的永远也看不到商机。其实商机人人都可以得到，每个人身边都存在着能为你带来收益和财富的机会，只是很多人都无法察觉到罢了。

如果你对财富有着强烈的渴望，对所处的市场有一番全面的认识，多去思考思考，也许你会发现，上帝原来早就把商机赐给了你。

小雪是一名小学英语教师。她为人特别谦虚，觉得自己英语口语不太好，要让她去跟别人用英语交流，她是办不到的。

后来，小雪的学校来了很多外国学者，小雪被分配到采访他们的任务。为了能和这些外国学者顺利地交流，小雪做足了功课，采访稿也写了好多。其实沟通交流不难，但平时确实没有环境，所以久而久之，就丧失了那份脱口而出的能力。

与外国学者见面时，小雪找到了当年说英语时的勇气，全程采访下来，很顺畅。而且因为这次完美的表现，她得到其中一位外国学者的青睐。这位学者向她发出了去国外做研究的邀请，对方提出的请求很诚恳，而且给出的待遇优厚。这可是她长久以来的一个心愿，她希望能够去国外进修，获得更多学习和成长的机会。

一年后，小雪从国外回来，她身价大涨，做了同声传译的工作，同时，她还开了自己的工作室，离实现财务自由越来越近了。

你看，这就是商机。关注身边的大小事，往往就能抓住别人无法发现的机会，并为自己创造财富。

当然，在商务课程里，把商机转化为财富，必定满足五个“合适”：合适的产品或服务，合适的客户，合适的价格，合适的时间和地点，合适的渠道。有了这些“合适”，天堑也能变为通途。

每个人心中都有一亩田，每个人心中都有一个梦。

生活不止眼前的苟且，还有诗和远方。

这几年，不少人都说要逃离北上广，而所谓的田园成了城市人心中的一个梦。

十多年前，“QQ农场”曾经风靡一时，大家热衷于“偷菜”“种菜”，很多人加入农场大军中，以此来满足自己对田园的那份憧憬。

网上种菜终究是虚幻的，每天花费时间在电脑前，对身体健康是一种考验，大家在虚幻中沉迷一段时间后，很快就看清了。相对于这种不真实，真实的东西更加让人期盼。如果谁能打造一处真实的农场，那一定能引领潮流。

很多聪明的农民意识到了这一市场需求，纷纷在城区周边的乡镇推出了袖珍“周末菜园”。城里人只需要花几百元就可以认领一片菜园，平时交由农场主管理，到了周末，可以亲自体验一下自耕自种的乐趣。

客户可以根据自己的喜好选择栽种菜品，有小白菜、红薯、菠菜、黄瓜、南瓜、香菜、西红柿、大青椒等20多个品种可供选择，播种、浇水、除草、杀虫等工作全由农场主包办，蔬菜成熟时可以随时来取菜。

现实版“QQ农场”，让都市人认领农场，保证吃到原生态健康的农作物。这种做法借鉴了美国的“社区支持农业”农场经营模式，这种模式从形式上看就是社区居民和菜农的一种共担风险、共享利益的关系，由社区居民预支菜钱，

然后菜农按照固定时间将菜地里生产的有机绿色蔬菜直接送到社区居民家里。从播种到收获，社区居民既可以自己参与，也可以让菜农代劳。对于菜农而言，改变一下经营模式，就能创造极大的收益。

如今看来，这种模式很简单，但能够看到市场的需求，并且付诸实践，是致富的关键。

商机无论大小，从经济学意义上讲一定是能由此产生利润的机会。商机表现为需求的产生与满足的方式在时间、地点、成本、数量、对象上的不平衡状态。旧的商机消失后，新的商机又会出现。没有商机，就不会有交易活动。

目前我们能认识的商机大致可归结为下列7种。

短缺商机

物以稀为贵，短缺是较大的一个商机，比如高薪招聘人才，对于公司而言，永远都缺乏人才。而对于个人而言，要发展自己的特长，专于一处，成为不可或缺、不可替代的人，这会为你带来极大的财富。

时间商机

时间对每个人而言都很重要，要不然也不会有那么多人，选择飞机，而不是火车、轮船等出行。因为飞机能够帮助大家节省时间，时间就是金钱。

价格与成本商机

新一代苹果手机问世时，大家都大呼太贵了。这个时候，就是彰显国产手机魅力的时候，手机一定要用苹果吗？不，其实手机功能都差不多，用国产手机就行。

方便性商机

互联网给大家提供了很多便利，我们不再需要写信和打电话，通过网络就能够连接彼此。互联网时代的手机便是极大的商机，人人都需要一部手机。

通用需求商机

衣食住行、柴米油盐酱醋茶，这是我们每天的需求，有人的地方，就有需求，生活中处处都是商机。

价值发现性商机

在特殊时期，一些平时很普通的东西都可能身价大涨，比如流感时期的感冒药，卖得会比平时好。

中间性商机

在风景区，水和食物都比别的地方贵几倍。

谋富到创富的距离有多远

一个永远不行动的人是无法获得财富的，获得财富的机会是留给那些不畏艰难、大胆行动、不断尝试和创新的人的。

谋富距离真正的富裕有多远？可以远到永远无法实现，也可以近到只有一步之遥，关键看你是否准备去行动。

很多初出茅庐的年轻人感到前途一片迷茫，想要一份工作，可是又各种嫌弃，高不成低不就，在社会上难以找到立足之地。在搞不清楚自己喜欢什么、不喜欢什么的时候，不如紧握朝自己走来的机会，勇敢地迈出尝试的步伐。只有经过一次次的尝试，或许才能找到你真正想要走的路。

要改变现状，要取得成功，一定要大胆行动起来。

相信很多人都不想庸庸碌碌地过一生，想要获得成就，想要获得幸福，你要记住：这些东西不是等来的，是要靠行动赢来的。

很少有人生来就知道自己要成为什么样的人，追求什么样的人生，很多大富豪们在少年时期也迷茫过，心里没有明确的目标，对自己的人生毫无规划。不过他们敢于去尝试新鲜事物，也能够大胆地接受新的信息，并把新的东西不断地纳为己有，最终才从崎岖走向坦途。

成功者所做的永远比普通人多。他们都非常积极，不断尝试，不断推翻重建。面对艰难，他们不轻言放弃，不停地寻找自我改进的方法。他们不怕意见，不怕指责，他们懂得变通，即便再不幸，他们都不会埋怨，他们会把一切消极悲观转变为源源不断的行动力，只有行动才有力量。

行动是决定一个人成败的关键。想要获得财富，先要有正确的方法和思维方式，然后付诸行动。

有一个寓言故事是这样的。

一只新组装好的小钟放在了两只旧钟当中。两只旧钟“嘀嗒嘀嗒”一分一秒地走着。

其中一只旧钟对小钟说：“你也该工作了。可是我有点担心，你走完3200万次以后，恐怕就吃不消了。”

“天哪！3200万次。”小钟吃惊不已，“要我做这么大的事？办不到，我办不到。”

另一只旧钟说：“别听他胡说八道。不用害怕，你只要每秒‘嘀嗒’摆一下就行了。”

“天下哪有这样简单的事情？”小钟将信将疑，“如果这样，我就试试吧。”

小钟很轻松地每秒钟“嘀嗒”摆一下，不知不觉中，一年多过去了，它摆了3200万次。

不管你的财富目标有多遥不可及，也不管你面临怎样

的困境，都不要慌张，不要害怕，只要勇敢地行动起来就好了，只要走出第一步，之后的每一步都会越来越平坦。慢慢地，你就离自己的目标越来越近了。

巴比伦“黄金五大定律”

我们来看看创造财富的黄金五大定律。

相传，巴比伦有一位很有名的富商，名叫阿卡德，他只有诺马希尔一个儿子，当儿子成年后，阿卡德没有急于将财产交给他，而是送给他两样东西：一袋黄金和一块刻着黄金五大定律的泥板，让诺马希尔到外面去闯荡。诺马希尔遵守着泥板上的五大定律，历尽十年的磨难之后，不仅保住了父亲给他的一袋黄金，而且多赚了两袋。

后来，这五大定律带领无数人从贫穷走向了富裕。

这五大定律是什么呢？在此，将它们作以引述，希望能给大家带来一些启示。

第一定律：凡把所得的1/10或更多的黄金储存起来，用在自己和家庭之未来的人，黄金将乐意进他的家门，且快速增加。

第二定律：凡发现了以黄金为获利工具且善加利用的聪明人，黄金将甘心为他工作，并且获利速度甚至比田地的产出高出好几倍。

第三定律：凡谨慎保护黄金，且依聪明人意见好好地使用的人，黄金会乖乖地在他手里。

第四定律：在自己不熟悉的行业投资，或者在投资老手所不赞成的用途上进行投资的人，都将使黄金溜走。

第五定律：凡将黄金运用在不可能得利的方面，以及凡听从诱人易受骗的建议，或凭自己毫无经验和天真的投资概念而付出黄金的人，将使黄金一去不返。

巴比伦黄金五大定律可以作为制订财富目标的一大原则，但究竟该如何制订自己的财富目标，你要好好考虑以下几个因素。

(1) 欲望和野心。当你急切地想要得到一样东西的时候，你的心里会催生出一种欲望，你会有一种想要去获得它的野心。你的欲望和野心会让你走向最终的目标。

(2) 情商。一个人的能力是一方面，但真正有大成就的人，都离不开高情商，真正做领导的人，往往也是那些能够调和众人矛盾，把他们都汇聚起来干活儿的人。情商高的人也是真正有智慧的人，他们能够看到每个人身上的优势和劣势，懂得把他们放到合适的位置，让他们发挥自己的特长，创造更大的财富。

(3) 爱好和兴趣。兴趣是一个人最好的老师，不论谁，

都要找到自己的兴趣，做自己喜欢的事，你才能收获满满的幸福和力量。想要获得财富，就要建立对钱的兴趣，不要说你不喜欢钱。你或许喜欢旅游，旅游是花钱的；你或许喜欢玩游戏，游戏也是要花钱的。其实生活处处都离不开钱，所以你自己也要努力赚钱，爱上赚钱。

（4）资源。干大事都离不开资源，人脉资源越多，你的机会越多，越容易拥抱财富。

（5）对环境的评判。外部环境的影响是巨大的，你要保持对环境敏锐和独到的判断力，学会审时度势，随机应变。

（6）市场风险。有的投资，风险太大，但相应的回报率也高，往往需要勇气才能选择这种投资，而且一般投资的人也很少；有的投资风险低，所以选择的人也较多。面对这样的机会，我们都要认真评估，自己无法承担后果时，就不要轻易投入。

（7）目标的可操作性。你是程序员就不要想着去开发地球了，开发软件比较容易，把开发地球的任务交给科学家完成吧。

很多人都有致富的欲望，可惜没有一个明确的目标。所以，要想致富，一定要先制订一个明确的目标。

那么，如何才能将“欲望”转化为“目标”？以下方法你可以尝试尝试。

给自己制订短期目标，比如三个月，把三个月想做的事情或事项全部列出，以表格的形式列出来，评估其可完成度。

列表时，心中要有明确的想法，了解自己心里想要的是什么。

把那些在期限内很难完成或者不能完成的都删掉，保证表格里剩下的都是能够完成的。

把排在第一的“欲望”，放到自己能时时看到的地方，那将会是一份极大的激励。你也可以想象自己实现这一“欲望”时的幸福情景，所以要为之努力。

给自己一些时间，走在通往目标的路上，记住要保持积极乐观的心态，勇敢地向自己的“欲望”迈进。

你至少应该自测下面几个相关问题。

(1) 你的事业，是否是你的兴趣和欲望所在？你愿意花多少时间去践行它？你期望它带给你什么样的回报？

(2) 你打算如何经营自己的梦想呢？你是否认为拥有了自己的事业后，就能有更多时间陪伴家人，就会更自由了？如果你了解创业维艰，需要你付出比之前更多的努力，需要你花费更多的时间和精力，你还会坚持吗?

(3) 你的家人支持你吗？如果你被身边人泼冷水了，你会放弃吗？

(4) 3~5年、5~10年，你想取得什么样的成就？你想要成为什么样的人，你是想要成为职场上的精英还是想要经营一份自己的事业？

如果你把上面的问题都考虑清楚了，就可以开始制订详细的前进计划了。

薪水之外，有更多投资模式

很多人只专注工作，不关心金融投资，这样的人，会失去许多的致富机会，而且如果工作没有较大的提升，他们的生活会不断倒退。是否从事投资理财，是拉开上班族贫富差距的重要原因。

上班拿薪水的同时，要学会投资，努力做到别人有的你也有，别人没有的你还有。

张明和王强2006年同时参加工作，是同一个事业单位的同事。在参加工作时，张明就立志要在单位里出人头地，于是全心全力地工作。他工作特别上心，他的生活基本上也是围绕工作转的，除了工作还是工作。工作之外的事，他基本上不过问，以至于他结婚比别人都晚。工作12年后，2018年，张明终于实现了自己当初的目标：当上了科长。

王强呢？与张明截然不同，他对工作也很上心，不过他也清楚地知道，想要靠这份工作实现财务自由是很难的。所以在工作之余，他开始学习投资。刚工作那年，他就把自己的年终奖拿了出来，和几个朋友凑足五万元，作为一个小股东，投资了一个旅游景点的小酒吧，不到一年，他就拿了一万多元的分红，这相当于他当时三个月的工资。

随后，王强又抓住了房产投资的巨大机会。在同事们全心全意地做好年终工作、忙于编制年终报表的时候，他利用半个月的时间，考察了两个楼盘，订购了两套商品房。结果，这两个楼盘竣工后销售形势极好。王强转让了一套商品房，另外一套商品房，自己买下，五年后出售，又赚了几十万元。如今，他基本上不用为钱发愁。

当了科长的张明，依然每天精打细算地生活。虽然获得了晋升，不过工资的涨幅却少之又少。而且随着自己工作年限的增长，还面临着瓶颈期。年轻血液的融入，让这个“老人”的位置越来越尴尬。在新潮流的趋势下，自己的竞争力不高，也并非不可替代，早晚还将面临被淘汰和失业的危险。张明深深地体会到一句话：没有一劳永逸的职业。

上班族要抛弃“为钱工作”“以时间换钱”的陈旧观念，重新正视工作与财富两者的关系：在努力工作赚取薪水的同时，千万别忘记了利用业余时间投资致富。有时候，薪水还远不如自己的业余爱好创造的收入多。我们鼓励努力工作的人，但也要懂得并不是努力工作就能成为富人，还要去探索更多投资模式。

放眼我们身边，有很多人在自己的岗位上付出了毕生心血，可是生活还是很艰难。他们大多靠着退休金还债，如果生场大病的话，那绝对是整个家庭的灾难，他们根本

无法支付高额的医疗费；还有些人到晚年还要去干最辛苦、最累的服务工作赚钱……这是很多拿死工资生活的人的现状，他们不知道如何让钱生钱，年轻时积攒的钱不多，一到退休，收入和生活都直线下降，自然无法过上体面的生活。

只靠工作，用时间换钱，所赚的钱永远都有一个极限，因为我们的时间有限。

有个二八定律，放在财富收入上也很贴切：这个世上，很多人用80%的时间去完成一项工作，但只能得到20%的收入；另外一小部分人，能够用20%的时间和精力去创造80%的财富。这就是投资的原理，让钱生钱，而不是用自己的时间换钱。

本章链接：

财富梦想清单

赚钱不是我们生活的目的，但钱能够帮助我们实现自己的梦想，钱可以帮助你去过你想要的生活。

创立量子基金的投机大师索罗斯说：“我生活的重心不是金钱，但钱是达到我目标的手段，哲学才是我生命中最重要的东西。”

没错，我们努力赚钱，只是希望能没有后顾之忧地去实现自己更大的梦想。

很多人都想要一个诗和远方的未来，可是如果你没有钱的话，只能困守一处，无法到达任何一个远方。攒够金钱后，你想去哪儿都行。

以下几种方法也许会助你提前实现财富自由梦。

(1) 要有热情。

如果你想做自媒体，首先要有一个定位，清楚地知道自己要做什么内容，写什么样的文字，如果没有对那个领域的喜欢和坚持的话，在当下成千上万的自媒体里，你将很难出头。

(2) 要懂一点行业知识。

你要选择自己擅长和熟悉的领域，并在其中深入挖掘，才能更快获得成功。比如你喜欢金融这一块，而且自己也

一直在从事这方面的工作，那如果你转行去做金融自媒体，就会比他人更快、更专业一些。

(3) 要节约。

每一个创业者的起步都离不开资金，花钱的地方有很多，所以，创业之初，能省则省，要把不必要的开支都省下来，对花出去的每一分钱都要计算一下。先控制成本，然后才能去谈利润。

(4) 要招纳不同的人，组建优势互补的团队。

当下社会，讲究的是合作共赢，一个人是很难获得成功的。因为一个人的能力即便再强，他的时间和精力也都是有限的，他不可能做完所有事。所以，他需要一个团队，需要分工明确，让每个人都在自己的岗位上发光发热，为公司创造成长机会，共同排除万难，走向成功。

(5) 要选择“绿色前景”行业。

所谓“绿色前景”行业，即未来趋势性的行业，是在未来很多年都不可或缺的存在。创业者需要有这样敏锐的嗅觉和眼光，能够看到很多人无法看到的行业前景，投身其中，也许下一个创造奇迹的人就是你。

第三章

财富并非永远的朋友，朋友却是永远的财富

人脉优势定天下

成功学之父卡耐基认为，成功=15%的技能+85%的人脉。如果你善于经营，一定能把你朋友圈里的许多人变成你的贵人，把他们的资源整合起来，你就能干不少大事。在创业初期，如果你有充足的人脉资源，一定会走得更顺畅。

搜狐创办人张朝阳先生在创业初期时屡屡受挫，如今的辉煌灿烂离不开他的一位贵人——尼葛洛庞帝。

1996年，绝大多数人都还不知道互联网为何物，张朝阳从这一年开始了他的互联网创业之路。

创业初期，张朝阳整日奔波在纽约和波士顿，拿着一份商业计划书，寻找着他的伯乐投资商，虽然他的商业构想还不够成熟。

他希望在美国找到投资商，然后回到中国实现他的互联网商业梦想，虽然当时的美国互联网发展还行，不过他们却对中国的创业者没有兴趣。伤心失意时，他拿到了一笔17万美元的风险投资。作为主要投资人的尼葛洛庞帝(麻省理工学院媒体实验室创办人）这样说道：“我虽然并不认识张朝阳，但是我确实知道互联网是很重要的，也知道中国是重要的，我还知道张朝阳是一个很聪明的人，这就够了。正是基于这几点，我才投资。”

张朝阳借助这笔资金，很快在北京创立了爱特信公司，这家公司成为中国第一家借助风险投资建立的网络公司。1998年2月，张朝阳推出号称“中国人自己的搜索引擎”——搜狐。

对于张朝阳来说，正是尼葛洛庞帝的投资，从某种程度上帮助他创造了自己的梦想帝国，也改变了自己的命运。尼葛洛庞帝投给他的不仅是资金，还有信心和知名度。如今完美的商业发展局面，当初能预见的人又有多少呢?

俗语说“七分努力，三分机运”。在追逐梦想和事业的路上，若有贵人相扶，往往能达到事半功倍的效果，提高成功的概率。尤其对于跨行业的创业者而言，在创办初期，离不开一个专业知识过硬的贵人的帮助。

自古以来，无数成功人士都曾表示，感谢谁谁，不难看出，成大事者往往有贵人相助。没有贵人本杰明·格雷厄姆的倾心扶持，巴菲特也许不会成为“股神”；没有贵人余蔚的投资，江南春的分众传媒恐怕无法摆脱困境；没有贵人宁高宁，牛根生也许难以走出“三聚氰胺”事件的阴影……

从某种意义上来讲，人脉是机遇的奠基石，当你的人脉能够交织成网时，无论做什么事情，你都能从这张关系网上找到可供运用的地方，那么生意场上将没有做不到的事情。

但是人脉也有好有坏。有的人整天忙忙碌碌，为了维

持自己找来的关系而忙于应酬，网织得虽大，但漏洞百出，而且死结连连，貌似壮观却不实用，撒进水里也网不到鱼。这里犯的错误就是“滥交”，交友不可滥交，人脉不可滥立，建立关系网也要有针对性。人的精力终归是有限的，如果一揽子照收，肯定精华、渣滓全跟着进来了。

在挖掘更深层关系的时候，你可以按照以下步骤。

第一步就是筛选，适当的时候找适当的人。

第二步就是排列，要对自己认识的人进行分析，列出哪些人是最重要的，哪些人是稍次之的，哪些人是不太重要的，根据自己的生意需要进行排列。这样你就可以决策，哪些关系需要重点去维护，哪些只需要保持一般联系，从而决定自己的交际策略，合理安排自己的精力和时间。

第三步就是对关系进行分类。因为你的生意场涉及方方面面、条条框框，你需要很多方面的资源，有的关系可以帮助你办理有关手续，有的能够帮助你出谋划策，而有的则能为你提供某种信息。根据其作用的不同，对其进行分门别类，有了这一步的准备，你才可能有效地利用这张网，知道在什么情况下打什么牌。

第四步就是查漏补缺。建成了这张网还不算完事，你还得不断查缺补漏，因为随着人事更迭，一张本来完整的网会有各种变化，难免会有漏洞。所以就需要不断地更新自己的人脉网络，不断将自己手中的牌重新进行排队和分类，不停地刷新你的人脉网，这样，这张人脉网才能一直有效。

没有什么比信任更重要

信任是搭建人与人之间深刻关系的桥梁，对于创办人而言，没什么比投资人的信任更重要。要建立信任，记住三点：第一，要创造足够多的合作机会；第二，要有耐心去赢得对方的信任；第三，信息的传递速度要快，要紧抓第一手信息，然后说服投资者。

犹太人之所以能够致富，能够走向成功，离不开“信用”二字，最突出的表现便是，他们严格遵守契约，信守承诺，这一点是他们在商界屹立不倒的重要原因。

1968年，藤田接受了一笔美国油料公司的订货单，规定9月1日在芝加哥交货，他们需要赶制300万套餐具刀叉。时间紧，任务重，他立即联系了相关厂家制造。按照规定的时间，他必须在8月1日在横滨完成出货，否则就会耽误交货日期。

具体执行时，事情的进展并没有预想中那么顺利。制造厂那边一直拖延到8月27日才出货。无奈之下，藤田只能选择昂贵的航空运输，否则就无法按期交货。

运输费用有多贵呢？大概是三万美元，这样算下来，

这一次的合作只能赔钱了。藤田转念一想："订货方是犹太人所支配的美国油料公司，无论如何都必须如期交货。一旦失约，犹太人再也不会信任我们，今后的一切生意也都不可能存在了。"

于是，藤田不惜花费三万美元空运费，租下了波音707飞机，于8月31日装好货后，准时飞往芝加哥，如期于9月1日交了货。

对方很满意和藤田的此次合作，第二年又向他订货，订制的数量比上一次多了一倍，600万套刀叉用品。遗憾的是，这一次制造商那边又延误了出货日期。藤田不得不再次租用飞机交货。

两次的花销很大，但赢得了对方的信任。而且，藤田两次租用飞机如期交货的消息从公司内部传到了很多人耳中，特别是合作者听到后，甚为满意。藤田因此获得了"东京银座的犹太人"的美誉，它的含义是"银座唯一遵守契约的商人"。

藤田就此赢得了犹太人的信任，他们的订货单源源不断地进来，藤田把控好时间，没有延误过约定的时间，这使他赚了很多钱。由此可见，信誉有多重要，信誉便是金钱。

古人说"一诺千金""君子一言，驷马难追"。讲的都是要信守承诺，一个人说出口的话，不能轻易收回，一个人做出了承诺，也不能随便毁约。在人际交往以及商务合作中，不可忽视诚信的力量，一个有诚信的人，必然会受到很多人的尊重。要想对方信任你，你就要去做一个值得他人信任的人。

车池22岁时开了一家商店，售卖空气净化器。

有一段时间，他销量不错，半个月便跟十位顾客签订了契约，同时也收取了定金。后来，他发现自己的净化器定价太高了，他感到很不安，于是主动联系了自己的客户们，跟客户们坦诚自己的净化器价格比市面上别的同类产品要贵，他带上新的合同去找他们，请求与他们废弃先前的合约。客户们被车池的行为感动，对他特别钦佩和信赖。后来，客户们还把车池的故事分享给身边的朋友，一时间来找车池买净化器的人多了不少，车池也因此赚了不少钱，最终成了一名优秀的推销员。

诚信是建立一段长远关系的根本。人人都喜欢和有诚信的人交往。

人与人之间的信任会在长时间的接触中建立和升华，每个人头脑中都会有一个信任银行，对于长时间合作的伙伴，在交往中的信任度会不断地积累升值，一旦有人破坏这种信任的时候，信任值就会大打折扣。不要过度透支自己的信用额度，否则早晚会名誉扫地，不会有任何人愿意和你交往以及合作。

所有人都应该把诚信列为自己为人处事的一大原则，努力做到诚实守信，不欺骗对方，逐渐提升自己的信用额度。

对于经商的人而言，更要重视自己的信任值，不要有欺诈行为，若有一次，便会万劫不复。没有人喜欢被欺骗，而且人一旦受到欺骗后，再要去建立对对方的信任就很难了。

俗语说，人无信则不立。在社会上生存，诚信是第一法则。所以，希望大家把信任作为长期投资，不要一不小心就放手了，有了信任，丰厚的回报也不会少的。

没事常聊聊

“没事常聊聊”是拓宽人脉的一大方法，聊天可以拉近彼此之间的距离，当你跟对方的聊天成为一种习惯后，不知不觉间，你们就成了亲密的朋友。

如果你想要发展一段关系，一定是从聊天开始的。不论多好的情谊，在分开后，若不能时常联系，不能多交流生活，不能时时去分享，不能打开话匣子畅聊，感情迟早会枯竭。朋友之间的感情需要维护和经营，需要经常联系。唯有如此，你的人脉关系才会永远鲜活，有生机。

朋友如是，作为企业的经营者更是。即便再繁忙，也不能断了和朋友的联络，那些与各行各业大佬们的联系也不能少。可能你一时很难找到聊天的话题，但是逢年过节发个祝福慰问的消息过去是不可少的。这些细小的行为对你自己事业的发展十分有益。

对于人脉关系的拓展，大家可以参考以下几点建议。

无论得意或失意，都要常打电话

你朋友圈中的某个朋友刚刚失业，心情低落，无比沮丧，当你了解到他的处境后，不妨打一个电话过去，亲切地慰问关心，提供自己力所能及的帮助，帮忙寻找合适的工作岗位等，都能加深两人之间的情谊。

当你失意时，也不妨打电话给一位能理解你的朋友，而且若是你相信他能够帮到你，一定要主动寻求帮助，在朋友的指引下，你一定能很快从当下的失意中走出来。

刷新他的信息，告之你的改变

你搬家了，换工作了，升职加薪了，换手机号了，有了新的联系方式了……这些变化，都要及时告知朋友，当他们收到你的信息时，也会感受到你对他们的那份重视和关注，你们的感情会更深。记得时时更新你自己的信息，也要时时关注他人信息的改变。

人脉有冲突，要当和事佬

当你的人脉中有人发生一些争吵和矛盾时，你要及时站出来调解一下，有时候作为当事人，是无法看清问题根源的，作为旁观者的你，如果看清了，就要义不容辞地出

来调解。如果你能帮助他们解决双方之间的矛盾，一定会收获他们的感激，即便不能调解，他们也会感念你的一片苦心。

祝贺要有创意

逢年过节，很多人都喜欢群发祝福信息，其实这很容易伤害到彼此的关系。没人希望收到群发的祝福，所以你也不应该为了省时间，就随意编辑一条短信然后群发。除了这样的节日外，那些特殊的节日，比如朋友的生日，朋友的订婚日，朋友人生中一些重要的时刻，你要用心准备礼物。这都需要创意和心意，不要低估一份礼物的力量，朋友会感谢你的记得，也会感动于你的心意。

积极参与团体活动

如果你的朋友是性格活泼、喜欢热闹、喜欢聚会的人，你也要试着多去参加一些聚会，与朋友一起共度一段娱乐时光，也许这会成为你们日后回忆里的一份感动。

时时关注你的人脉名单

你的人脉中或许有人上节目了，有人被媒体报道了，或者你从其他社交账号中发现对方跳槽了，创业了，开新公司了……这些信息都不可忽视，当你听闻这些消息后，要及时表达自己的祝贺，这些祝福对你们情谊的发展是非常有意义的。

向朋友提供有用信息

你可以从朋友身上获取很多对你有用的信息，反之，你也要不时为朋友提供一些对他有用的信息。这就需要考察你的细心了，平时要多留意人脉名单中朋友的那些癖好、兴趣爱好等。当你把那些真的对他们有用的信息提供给他们时，你在他们心中的印象就会不由得加深许多。

给外地的朋友特别的问候

你可能与人脉中的朋友异地而处，一年里难得相见，如果偶尔有机会去他所在的城市出差，即便再繁忙，都要短信告知一下，如果有时间，最好要约出来见一见。

去到他的城市时，如果不想说那些关心问候的话，不如多请教他当地有哪些好吃好玩的地方，问一些生活化的问题，不知不觉间，会加重你在他心中的分量。

心到不如人到

写在最后也是最重要的一点，那些人生中重要的时刻，毕业典礼、婚礼、演出，等等，没有人希望自己是孤零零上场的，所以，作为朋友的你，记得要出席。不管多忙，相隔多远，你都要尽力赶到现场，毕竟说到不如做到，心到不如人到。当你与他共同度过这些人生中重要的时刻时，你也就抵达了他的心里，他一定很难把你忘记。

求人不丢人

很多人不会向他人求助，或许碍于面子，或许是逞强。但其实在生活里，我们必须要学会求人。

战国时期，有一派思想家是农家，他们主张回到像原始社会那样的自耕自足的状态。其中有一位学者叫许行，他从楚国到了滕国，滕国的陈相很认同许行的主张，一心想跟着他学习。在讨论治国之道时，许行认为，明君应该和百姓一样，一起耕种，从而获得自己的食物，滕国现在的粮仓丰裕，都是从老百姓那里收来的，如果靠穷苦的百姓而活，又如何称得上贤明呢？

陈相学习了这番主张后，去见孟子，和孟子进行了一番交谈。

孟子听完后，问道："许子一定要吃自己耕种后收获的粮食吗？"

陈相应答："对。"

孟子又问："那么，许子也是穿自己织的衣服吗？"

陈相答："不是，是穿未经纺织的粗布麻衣。"

孟子问："许子戴的帽子呢？"

陈相答：“是生绢做的，是用粮食换的。”

孟子又问：“许子用什么做饭？用什么耕种？”

陈相答：“铁锅瓦甑，铁具。”

“都是自己制造的吗？”孟子问。

陈相答：“不是，是用粮食交换的。”

说完，陈相恍然大悟。天下之事，皆有分工，我们都不可能一人全然做完，我们需要求助于他人。

孟子和陈相的对话，明确地指出虽然我们未曾开口求过任何人，但即便衣食住行，其实都是有求于人的。即便你腰缠万贯，你也不可能一人做所有的事，你会花钱找人来为你服务，这也是在求人。

很多人信奉“万事不求人”或“求人不如求己”的原则，认为请求别人帮助是自己无能的表现，似乎有些丢脸。这种看法是有失偏颇的。这是一个合作共赢的时代，人与人之间必然要通过互相帮助才能完成诸多大事，当你在一个问题上有困惑时，必定要寻人帮助，这不是“无能”或者“丢脸”的行为，你要虚心求教，最终才能成事。

要求人，脸皮薄可不行。要放下架子，才有成功的可能。

如美国著名企业家李·艾柯卡的故事。

20世纪80年代，艾柯卡因为公司内部竞争，被免去了福特汽车公司总经理的职务。离开工作了数年的公司，他没有意志消沉，而是迅速振作，面对多家公司的青睐，他接受了当时濒临破产的克莱斯勒公司的邀请，担当总裁。

到任后，他首先实施以品质、生产力、市场占有率和营运利润等因素来决定红利的政策。他规定主管人员如果没有达到预期的工作目标就扣除25%的红利；他还规定在公司尚未走出困境之前，最高管理层内各级人员减薪10%。

这一措施推出后，有人反对有人赞成，反对的人是公司的元老，他们认为这样做损害了他们的利益。艾柯卡冷静地对待这一切，并且自己只拿一美元的象征性年薪，让反对他的人无话可说。

公司资金不足，艾柯卡只能向政府贷款，为了获得政府的贷款，艾柯卡四处寻求帮助，接受许多人的质询。他常常奔走在游说的路上，没什么休息的时间，有一次，他差点晕倒在国会大厦的走廊上。皇天不负有心人，他忍受了很多人的冷嘲热讽，终于带领公司走出了困境。艾柯卡仅用了三年多的时间，便让濒临破产的克莱斯勒公司扭亏为盈，年盈利达几亿美元，这让艾柯卡一下子成了行业内的传奇人物。

艾柯卡的成功离不开他的虚心求助，放下自己的身段和自尊，不断求助，最终才收获了让人骄傲的成果。

有时候，求人确实是一件有损自己颜面的事，但认识到自身的局限，敢于开口求助，才是解决问题的良方。在求人的时候，切记不要动怒，对于对方提出的种种不合理的要求，要先记下来，按捺住内心的怒火，克制一下，让对方看到你的诚意。面子事小，解决问题才是你最终的目的。

在商业场合，其实讲究的就是合作共赢。你不能闭门造车，你要走出去，和伙伴们交谈，互相交换资源，求助其实就是互相成就。

唐代诗人白居易16岁到长安应试，向当时的名士也是著名诗人的顾况求助，希望对方能推荐自己。

当时，白居易还只是一个无名小辈，顾况看到白居易的名字，便忍不住开玩笑说：“长安百物贵，居大不易。”

言下之意是非常明显的，就是我为什么要帮助你这个无名小辈呢？并且帮助你在长安成名又有什么意义呢？但当顾况看到白居易递过来的诗作，翻阅到其中《赋得古原草送别》一首，他不由为之震动：

离离原上草，一岁一枯荣。
野火烧不尽，春风吹又生。
远芳侵古道，晴翠接荒城。
又送王孙去，萋萋满别情。

这首诗写得极佳，草木荣枯与人生的离合悲欢是相通的，“野火烧不尽，春风吹又生”二句，表现出一种饱受摧残，却仍然不屈不挠、奋发豪迈的精神。顾况不由得击节赞叹，改口称赞说：“有句如此，居天下有甚难？老夫前言戏之耳。”于是帮助白居易广交长安名人雅士，并在仕途上助他一臂之力。

白居易以不卑不亢的态度，用过人的才华为自己赢得了成功的机会。我们在求人时，也要拿出自己身上的优势，让对方看到你的价值所在。比如向人借钱时，你要让人知道你会何时还，你有什么能力赚到钱；找工作时，你要让对方知道你的工作能力，知道你能为公司带来多少利润和价值；追一个喜欢的人时，你要让对方多了解你一些，知晓你的优点和可爱之处……

求人时，不能骄傲自大，但也不用总是低声下气。真诚地把自己的需求告诉对方，大胆地表达自己的意图，把自己最棒的一面展现在对方面前，相信对方会很乐意帮助你。

结识“重要的陌生人”

我们的生活离不开至亲好友，但是，我们也很希望寻求更多发展的机会，去结识更多的人，我们会离开家人、朋友，开始一段新的社交生活。在我们的人生中，与那些“重要的陌生人”的相处也很重要。

什么是“重要的陌生人”呢？

《时代》周刊的固定供稿人、幽默作家乔尔·斯坦获得年度最具影响力人物的提名时，他向自己提出了一个问题：“写写那些真正对我有影响的人怎么样？”

于是，“对乔尔最具影响力的100位人物”产生了。

到底谁是那些对乔尔·斯坦产生影响的人？当然是他爱的人，但即使包括他的妻子、母亲、父亲在内，也只有18位，另外的那些，大约有40人是在不同程度上对他的事业发展起到过促进作用的人，比如给了他第一份工作、让他做情景喜剧编剧的制片人……还有大约40人，是能给他提供不可或缺的服务或建议的人，比如他的律师、经纪人、注册会计师，他在花旗银行的客户代表以及他的眼科医生，还有“通过修正我的书稿错误使我看起来很聪明”的文字编辑……乔尔还列出了他以前的房东、租户、抵押交易员，以及把房子卖给他的那对夫妇：“如果我的房子遇到水暖管道问题，去找他们真是非常方便。”

实际情况是，与“对乔尔最具影响力的100位人物”相似，我们每个人身边都有这些在家人和好友之外的、不常联系但十分重要的“陌生人”。他们可能是我们认识了很长时间的人，也可能是我们偶尔才会遇到或只在特定场合遇到的人。他们存在于我们生活的方方面面，每一个人都以某种方式与我们产生联系，并满足我们生活里的一些特定需要。

我们来看下面这则精彩的故事。

一对老夫妇出门游玩时，不巧碰上了大雨，而且天色渐晚，他们无法赶回家了，只希望能够找到附近的一家旅馆过一晚，等天气好了再走。他们向不远处的旅馆走去，向旅馆的服务生申请住宿。

当时，乔治·波特正好在这家旅馆值夜班。他说："十分抱歉，今天的房间已经被早上来开会的团体订满了。"老夫妇听了乔治的话很失望，准备离开，去找别的旅馆。

乔治看着蹒跚的老夫妇，心有不忍，拦下了老夫妇，说："现在雨下得太大了，如果你们不介意的话，不如去我的房间待一晚。它虽然布置得不太好，但很干净，我今晚值夜班，不会回去睡。"

乔治表达得很诚挚，老夫妇望着外面的倾盆大雨，接受了乔治的建议，表达了感谢。

第二天早晨，雨过天晴。老先生前去结账时，在柜台服务的仍是昨晚的那个年轻人乔治。乔治亲切地告诉老人："昨天您住的房间并不是旅馆的客房，所以我们不会收您的钱，也希望您与夫人旅途愉快！"

老先生不断地向乔治道谢，并且称赞："你是每个旅馆老板都梦寐以求的员工，或许改天我可以帮你盖家旅馆。"

乔治听了微微一笑，也向老夫妇表达了自己的祝福。几年后，乔治收到了一封挂号信，信中叙说了当年风雨交加的夜晚一对老夫妇的故事。另外还附有一张邀请函和一张纽约的来回机票，邀请他到纽约一游。

在抵达纽约曼哈顿后，乔治见到了当年的那位老先生。

这个路口正矗立着一栋华丽的新大楼。老先生告诉年轻人说:“这是我为你盖的旅馆,希望你来为我经营!”

乔治惊讶不已:“您是不是有什么条件?为什么选择我呢?您到底是谁?”

“我叫威廉·阿斯特,我没有任何附加条件。我说过,你正是我梦寐以求的员工!”老先生郑重地告诉年轻人。

那家旅馆在1931年建成,装修别致,是纽约最负盛名的住所,成了各国政要造访纽约时的首选,是尊荣地位的象征。乔治没想到自己当年的一个小举动收获了这样的幸运,他接受了这份工作,一步步成了纽约著名的企业家。

有时候,人与人之间的因缘际会是如此的奇妙。最宝贵的金子可能就在你的眼前,只要你用心感受就能够发现。所以,别忽略在你身边出现的那些“重要的陌生人”,他们就像一副牌里面的单牌,看起来点数不大,但偏偏就能决定你是否能赢这把牌。

世界很大,不过世界其实也很小。有人说,你只要认识十个人就能认识全世界。也许每个人的人脉资源早就遍布了全世界。要善待你遇到的每一位陌生人,也许他们之中就有人能够改变你的命运。

学会真诚地赞美别人

在这个社会上生存，要会做人，还要会说话。对他人所获得的成就，我们可以真诚地表达一下赞美，对方受到这样的肯定，会很高兴的。这也能够增强对方对我们的依赖和信任，使彼此的感情一点点加深。谁不喜欢一个懂得欣赏自己的人呢？

小猫是一个很会说夸赞话的人，因此她人缘很好，很多人都喜欢她。

犹记得，在一个冬天，小猫给我打电话，我们俩聊起了各自的境况。她因为工作，不得不和男朋友分居两地。我责怪她谈恋爱后就很少跟我联络了，我问她是不是沉溺爱河，无法自拔，忘掉了一切，是不是觉得特别幸运遇到了彼此。她居然悠悠地说："遇见你才是幸运。"那一刻，我都忘记了自己是要责怪她的。

小猫脱口而出的那份"情话"真的让我觉得她的用心和真挚。我觉得这是一份由衷的肯定和赞美。

还有一次，去参加一个活动，我特意别了一个发卡，小猫见到发卡后，赞不绝口："樱桃发卡很漂亮，你是今晚最美丽的少女。”她望着我，笑得很真诚。我也乐开了花。

当然，赞美之前一定要对对方有一个大致的了解，并不是每个人都喜欢听那些夸赞的话，在不爱听的人那里，你的称赞可能会被人看成油嘴滑舌，阿谀奉承。在交流中，要用心倾听和感受对方的喜恶，不要一开口就踩到对方的雷点。设身处地地为对方着想，说到对方的心里，才能博得对方的好感。

美国管理专家查尔斯·施瓦布在分享自己的成功秘诀时说道：“我认为我所拥有的最大财富是我能够激起人们极大的热诚，而不是丰厚的薪水。要激起人们心目中最美好的东西，其方法就是去鼓励和赞美他人的长处。”正是因为懂得分享和赞美，所以施瓦布获得了成功，他在37岁时年薪就高达上百万美元。赞美别人确实容易引起惊人的化学反应，会让他人由衷地愿意与你接近。

施瓦布在自己岗位上的很多创新，起初被大家认为是不切实际的，最终都被证明确实是一条可行之路，他的决定是对的，同时他的很多创新都被华尔街定为新的竞争准则。在谈到创新成功的关键时，施瓦布认为：创新在于赢得客户的认可。想要得到客户的认可，及时获得客户的反馈信息，就必须时常与客户联系，在这一点上，施瓦布做得比其他人都出色。施瓦布很懂得社交之法，在与客户交

谈时，会时不时夸赞客户，客户也愿意跟他表达，几乎他所有的客户都把他当作知己。

在社交场合，真诚的赞扬和鼓励，能满足人的虚荣心，能让人感受到如沐春风般的快乐，这种快乐会让人沉醉其中，难以忘怀。美国作家马克·吐温说："一句好的赞词，能使我不吃不喝活上两个月。"他这句话的含义就是指人们时常需要受人夸奖和恭维。

最优秀的沟通者，其实并不一定多懂得社交规则，而是他们能肯定以及赞美对方，不是为了让对方高兴，而去说一些违心的话。在人与人的相处中，他们关注更多的不是自己，而是对方，他们说出的那些话也不是会让自己事后不愿面对的违心话，他们是真的看到了对方的优秀，所以十分真诚地在表达。当然，他的真诚对方很容易就能够感受到，并很愿意和他发展接下来的情谊。

每个人都非常重视自己，也会希望得到他人的重视，渴望被赞美、被尊重、被关心、被理解。所以在沟通中，如果你与对方谈他关心和他感兴趣的话题，让对方感受到自己被重视，你就一定会给对方留下很好的印象，从而达到意想不到的效果。

本章链接：

不可忽视的“陌生人”

下面我们就为大家来介绍一下，究竟我们结交哪些不同领域的人，会给我们带来更大的利益。

医生

人在生病时候的第一选择就是相信医生，听医生的话，吃药、打针、住院、手术等都离不开医生的建议。若是小病倒也无关紧要，但是万一有一天你不得不开刀做手术呢？此时，若没有一个值得信赖的医生，真不敢想象那种拿自己的生命去“赌博”的感觉是什么滋味！

所以，为了防患于未然，你最好去认识几位医生朋友。

旅行社业务员

对于经常要出差的人来说，有一个旅行社的朋友，会帮你节省不少时间和金钱。试想一下，对于同一架飞机上的旅客而言，100名旅客中可能会有很多种不同价格的机票。有的人可能花了1000多元买的，而你可能几百元就能搞定。为什么？因为你那位旅行社的朋友能够为你提供最为便捷的机型和便宜的价格，让你高枕无忧。

人才猎头

当你还在为一份工作愁眉不展时，你身边的人早已进入新的工作角色中去了。因为他们凭借和人才市场、猎头公司良好的关系，已经把各个职位都摸透了。所以，即使你现在的工作非常稳定，也不妨多结交一些这方面的朋友，在口渴之前先掘井永远是最正确的选择。

当地公务人员、警察

几乎每一件事：填平路上的坑洞，运走垃圾，修理人行道，子女就学，规范社区商业行为，监管空气、水以及噪声品质，或你新买的车子被偷了，你家被小偷不请而入……你都需要当地公务人员、警察的帮助。

保险、金融专家

如今保险行业深入各个家庭中，很多人对保险人的认识不够全面，总觉得上门推销的人都十分讨厌。可是，难道你真要等到出了什么事，才知道投保的重要性吗？其实交一个保险、金融方面的朋友，可以帮助你更好地认识保险，而且还能避免盲目投保的情况发生。

律师

在国外，几乎每个家庭都有一到两个监护律师。毕竟，在这个社会上生存，难免会遇到一些纠纷，如果不想让他人无端夺取你的利益，你朋友关系中的律师将会为你减少很多麻烦事。

维修人员

一位优秀又诚实的维修人员是很重要的。你的汽车坏了，你家的下水道堵了，你家的锁打不开了……事态紧急，你最好知道谁可以在最短的时间内、用最快的速度、以最低的费用帮你处理。

媒体人

你必须认识几个媒体人士，来保证你不被这个瞬息万变的时代淘汰和抛弃，不至于在日新月异的科技、信息面前做一个“小白”。当然，想要结交这一类朋友，秘诀是，在需要他们的帮助之前先认识他们。

第四章

不一定成为理财高手，但是你必须努力

投资理财要趁早

相信很多人都会有这种感觉，钱再多也不够花。为什么？因为大家的欲望太多，有时候赚钱的速度永远赶不上花钱的速度，你如果想要实现各种各样的欲望，就一定要让钱像滚雪球一样越来越多。

钱如何才能越来越多呢？唯一的秘诀便是让钱流动起来。

通常，富人能够致富的原因绝不仅仅在于他们运气好、他们努力、他们勤俭节约等，排除这些因素，真正给他们带去财富的是他们的理财思维。

富人和穷人在对待金钱上的态度是截然不同的，穷人更愿意死死地把钱攥在手里，存进银行里，而且不怎么会花钱，不懂得享受生活；而富人呢，他们偏爱房地产、股票基金、优质项目，他们不停地学习各种新知识，不断拓宽自己的眼界，从而也越来越有钱。

维莱丽20岁时，进入哥伦比亚大学。在大学里，跟她年纪相仿的学生，只会玩游戏，要不然就是逃课去潇洒，但她一直在看大量的与金融学相关的书籍，还跑去翻阅保险业的统计资料。那个时候，她身上的钱不多，但她能够借到钱，她用自己学到的知识，炒短期股票，虽然资金少，不过她凭借自己的判断也赚了不少钱。

1954年，她如愿以偿来到葛莱姆教授的顾问公司任职，两年后她跟亲戚朋友集资10万美元，成立了一家顾问公司。1969年，该公司资产增值30倍，如今她已成了亿万富翁。

学会投资，你便能更快实现财富自由的梦想，使自己和家人都过上更好的生活。

初入社会的年轻朋友们中，有一群人学历高、专业好，工作对口，工资也不低。他们没事就去旅个游，可能想着，生活挺惬意的，自己的身体也没有大毛病，只要平时没有乱消费，不至于月月光，每年年底都还是有结余的，他们觉得完全没有必要理财。

这是当下很多年轻人的状态：对待钱财的态度很随性，钱够花，不用费心去理财。可是如果遇到意外了呢？生大病了呢？到时候又将如何？人生存在太多不可预期的风险，如果没有提前防范，早晚风险会把我们吞噬。自由是要付出代价的，或是在5年后，或是在10年、20年之后，不要对人生的风险抱有侥幸心理。

在现实生活中，我们看到有许多白领由于工作压力较大，很少有时间理财，常常是把钱往银行一存，就以为是最安全的了。而实际上，正如我们在前面所提到的那样，这种把钱放在银行里任其生灭的方式，在理财产品和理财渠道如此丰富的今天，其实是十分错误和愚蠢的。

朱琳今年26岁，在一家房地产公司做客户经理，每年加上年度奖金，收入有20万元，在同龄人中收入算是不错的了。看着自己的收入一月比一月高，朱琳很开心，但她不会理财，只知道把钱存在银行里，拿着微薄的利息，想用时就能立即取，又安全又方便，她觉得挺好的。其他同事经常交流理财心得，朱琳从不参与，看着身边人买保险、炒股、买基金，她完全不懂。

遗憾的是，有一次她出去游玩时，发生了意外，弄伤了腿，需要手术治疗，而且在医院一待就是几个月。几个月下来，她之前的存款所剩无几，公司所交的医保能报销的金额不过两三万元，她自己要花费20多万元。朱琳没有办法，只能向父母求助，东拼西凑了一大笔钱，总算是把腿治好了。

在病床上的朱琳十分后悔，听一同住院的病友们讲述，他们都买了医疗保险，报销了很多，自己几乎没怎么花钱。那个时候，朱琳才意识到自己的理财意识有多差，如果有一份保险就好了，不过几千元的事，也不至于像现在这样，花光了自己的积蓄，还欠下了一堆债务。

从那以后，朱琳着手学习保险和理财知识，学习投资，努力为自己创造一个安稳的未来。

当然，你也可能会想，自己不会那么不幸吧。对于风险，可能我们或多或少会有一份侥幸心理。但不管是对于高收入人群还是低收入人群来说，理财都很重要。

可能在当下，你的收入比同龄人要高，不用为自己的生计担忧，但你要知道，当下一时爽，未来就悲剧了。随着年纪的增长，我们早晚会面对结婚买房、养儿育女的问题，这些可都是一笔不小的开支，如果不及时做规划，钱到用时方恨少，到时又该如何？向父母要，找朋友借吗？

不止建立家庭的问题，还有赡养父母的问题。父母年迈了，他们看着你长大，你也必然要看着他们老去，如果父母生病了需要一大笔钱来医治，你要怎么办呢？

其实所有的意外，都可以未雨绸缪，提前买好保险、准备充足的现金流等，当遇到问题时就不会惊慌失措了。

王雪一毕业就进入了一家五百强的企业，挂着大公司的胸牌，穿梭在人人艳羡的写字楼里，薪水丰厚，福利也很不错。她没有理财的概念，所有结余的钱都存在银行里，她觉得很安全。股票、保险，她也有了解，可是觉得风险太高了，她不太敢轻易出手，觉得老老实实存钱才是最安心的。

她从不大手大脚花钱，所以她的存款越来越多。她的同事们挺爱折腾的，投资了很多理财产品，而且也常拉她一起，可是她十分畏惧，她害怕风险，如果亏了，她会很难接受。还有同事叫她买房，她的态度也很抗拒，因为她觉得租房就不错，将来结婚时买房是男方的事情。

一晃几年时间过去了，很多投资的同事、买房的同事，早已经身家上百万，甚至上千万了，但她还是只有少量的存

款，衣食无忧是可以，但是无法自由。此时，她才意识到自己输在了起跑线上。

上面的故事告诉我们，一定要学会理财。年轻是我们最大的资本，不妨多去尝试尝试，即便失败了也会有翻本的机会。不要害怕失败，更何况你还有一半的概率会成功呢。

总之，投资理财要趁早。只要能坚持下来，总有一天你会收到意外之喜，从而庆幸自己当初的明智之举。

不要把鸡蛋放在同一个篮子里

当你的手边有了一些闲钱时，你应该好好想想该如何花。花得好，它就能给你创造翻番的收益。

要放在银行定存吗？可是现在存款利息实在太低了。

购买投资理财产品呢？可惜市场风险太高，各种信息太杂，那么多产品，根本不知道如何选。

…………

谈及投资，肯定很多人都这样想过，想到这些烦恼时，许多人都退却了。

如果你对此也感到苦恼的话，看一看下面这个来自美国金融理财界的案例分析吧。

美国知名投资家查尔斯·埃利斯认为：“资产配置，是投资人所能做的最重要的投资决策。”

当我们手里正好有一笔闲钱时，我们可能会想：

(1) 再看看，等待投资的最佳时机。

(2) 无论如何，先下手再说，立即投资。

(3) 存着。

你更偏向哪种方式呢？

我们现在假设有5个投资人，每个投资人每年年底都有一笔20万元的闲钱可以投资，这5个投资人的投资行为各不相同。我们现在假定投资年限是20年，来看看他们几个人的投资模式。

投资人1号：上帝的宠儿

他运气真的太好了，想买股票的时候可以以最低的价格入场，他也并不贪心，到达他预设的价格后就卖出去。同时他也十分关注财经新闻，总是能在风险来临前全身而退。

人家说炒股的十个有八个都是亏，但他不是，从他进入股票市场起，从未亏过，这样的好运和眼光确实令人羡慕。

投资人2号：积极出手型

2号特别积极，即便有了钱也不想放在手里，他对股票其实根本不了解，也不会去等待和评估何为最低点，他总是会立即投资。当然，立即出手有时候对应的是无法立即收手，要等待上涨。

投资人3号：倒霉的家伙

3号跟1号其实对信息的掌握是一样的，但与1号不同的是，3号的技巧和运气太差了，1号能在价格最低的时候进场，但3号很多时候都在最高的时候进场。实在是非常不幸，不过相信很多人都走过这样的路。

投资人4号：犹豫不决的人

4号在做选择时总是会犹豫许久，他很想投资，但是又不敢轻易出手。每次决定要放手一搏时，脑中又会想到那个最糟糕的结局。因为无法接受那样的结局，总是想再等等看，20年来，他的钱都还是老老实实放在银行。

投资人5号：自律严谨的人

5号自律严谨，逻辑清晰，很清楚如何分配自己的钱。不过他平时太忙，时间不多，所以他选的都是最简单的方式，就是定期定额投资。他将20万元分成12份，每个月投资一等份，未用完的就存放在银行，一直持续了20年。

以上5个投资人都有各自不同的投资风格，最后到底谁的投资报酬率较高呢？

当然是1号那位幸运儿了，他每次都能在最佳时机入场，20年来，真的赚了不少钱。真是上帝的宠儿呀，不过，这样的人太少了。

接下来，就是2号了，2号的积极投资让他赚了不少。由此可见，大家有闲钱流动时，要立即去投资，时机不等人。

这5个人中，收益最差的便是4号，犹豫不决的他只能把钱存在银行，而他20年来的收益仅仅只有那位倒霉投资者所赚收益的1/5。

除了4号，大家的表现都可圈可点。

这样的答案，你们意外吗？

查尔斯·埃利斯提出："如果你相信，影响投资组合报酬率最重要的因素是资产配置，那么当你想要追求较高的投资报酬时，就应该将大部分的时间和精力放在最重要的因素上——你的焦点要集中在资金的分配上，而不是研究哪家理财可以买，何时应该买等问题。"

我们都知道，不同的金融资产在不同时期的表现都会不一样，这主要是看市场的。虽然有很多专家花了很多时间，每天研究市场走向，希望能够找出表现最好的金融产品，但是这都是不确定的，毕竟没有人能真正预估未来。

所以，面对金融市场参差不齐的理财产品，较好的办法是，把资金分配到不同的产品上，俗语说"不要把鸡蛋放在一个篮子里"，这就告诉我们一个道理：要分散投资。

一个好的投资组合，能够规避更高的风险，它创造的投资报酬率或许不是最高的，但是一定是最平稳的。很多人无法承受投资失败的结局，但通过投资组合便能降低很多风险。

看了上面的分析，相信你已经清楚地认识到资产配置的重要性了。如今，帮助人们分配资产的商品越来越多，投资资产配置型的投资组合变得越来越容易了。

当然，大家在选择时，还是要多分析考量一下，想好后一定要尽快出手，毕竟时机不等人，大家不要做那个犹豫不决的人。

投资要具备自律的力量

在《富爸爸穷爸爸》一书中，作者罗伯特·清崎（理财大师）分析了开发个人理财天赋的十个步骤，第五个步骤就是唤醒潜藏在身体内部的自律的力量。

罗伯特·清崎认为，在十个步骤里面，学会自律这个步骤是最难掌握的，而是否拥有自律是将富人、穷人和中产阶级区分开来的首要因素。缺乏自律的人，不能安排好自己的工作，不能去创造更多价值，即使腰缠万贯，也终会坐吃山空。只有自律的人，才能守住自己的财富，让自己的财富不断积累和增长。

罗伯特·清崎特别指出现金流量管理、人事管理和个人时间管理是开创个人事业的三种必备管理技能，而自律精神能大大增强这三种技能的效力。自律意味着什么？它意味着一个人有着坚强的个人意志，这种意志不受身边人和身边环境的影响，他能够排除一切干扰，坚定地执行自己既定的目标规划。自律是一个人身上最可贵的品质，但凡拥有自律能力，便能一直做自己的主人。

自律不是一件轻松的事，它需要我们不断克服自己人性中的弱点，比如懒惰、贪婪、虚伪、狡黠……我们要时时与这些缺点作斗争，在面对重重诱惑时，我们要理性、克制、隐忍，不要在一件事没完成时就跑去玩，不要答应了的事却无法做到，不要尝到一点点甜头就忘乎所以。在投资时，一定要细细考量那些诱惑，诸如“高回报”“短期获利”等字眼，在这些疯狂的表象下，如果你失去了理性的思考，很容易全盘亏空。

在罗伯特·清崎看来，信用贷款和交易的普及让越来越多的人陷入了债务危机，不少人因为旅游、结婚、买房、买车等高额消费而债务缠身，他不提倡高额信用卡债务以及消费债务，建议大家也不要背上数额过大的债务包袱，每个人都应该更自控一些，让自己的消费支出保持在适当的水平。然而，这一原则并不意味着紧缩财务，过一种省吃俭用的清教徒式的生活，而是强调大家要严格控制自己的理财现金流，保持一个“正现金流”的态势，以此不断增加自己的财富。这种严于自我控制、积极理性应对的态度，也正是自律的内核。

投资大师伯顿·马尔基尔是有效市场理论的积极拥护者，其著作《漫步华尔街》是20世纪70年代以来世界股票投资界最为畅销的经典之作。他提出“吃得好还是睡得香”这个华尔街经典议题，认为这是投资者无法逃避的一个两

难抉择。

在投资领域，“吃得好而睡得香”是一个长期存在的悖论，吃得好，收益高，往往意味着高倍风险，需要极强的心理承受力，心态再平和也难以在价格快速涨跌的情势下依然处之泰然、心境稳定，即无法睡得香。马尔基尔所持的有效市场理论认为，市场是理性的，股票价格能反映理性人的供求平衡，是市场资源信息的关键指标，且无法准确预测。因此“天下没有免费的午餐”，投机是不可行的，决定投资报酬的唯一变量只能是投资者所付出的投资额度和比例，高投入、高风险、高回报，低投入、低风险、低收益。

马尔基尔经常以J.P.摩根的例子来说明吃得好与睡得香之间的矛盾关系。曾经有朋友问J.P.摩根，现在的投资让他担惊受怕、重度失眠怎么办。摩根说：“卖掉一些，直到你可以入睡为止。”

在投资时，每个投资者都要把风险、结果和自己的承受力估量好，谨慎选择吃得好和睡得香。那些不管在牛市还是熊市都成功的投资者，他们不一定有比他人更高明的手段，只是他们的承受力更强一些，从不被一时的得失所困扰，在风险面前能够控制好自己的步伐。有句话说，暂时的成功不足为道，要慢慢看，从结局见分晓。投资也是，要从长远来看，不要被当前的得失弄得心惊肉跳。

保护已有的钱财

有一个嘲讽犹太人的说法：“犹太人是吝啬鬼。”这个说法无从考究，也不知道背后有着一个什么样的故事，但仔细想想，也不无道理，犹太人的成就举世皆知，在经商方面，他们更是全世界人的模范。作为商人，对商品价格的计较和核算是其职业本能，如果他们不精打细算，不爱惜钱财，又如何去创造较高的收益呢？

要想成为富人，除了要爱钱以外，更要懂得保护自己已有的钱财，有一个词叫“开源节流”，说的便是此意，要节俭、节制。

“开源节流”一词囊括了两层含义，如何开源，当然是靠努力工作；节流呢，自然是节省开销。财富既要靠努力工作获得，也要杜绝不理性消费才能积累。

相信大家看过很多关于储蓄的故事，某个攒钱的公众号，让大家每周随手攒一次，从10元开始，第一周10元，第二周20元……每周比上周多10元，坚持52周后，大家可以获得多少钱呢？我们算了一下：10+20+30+40+…+520=13780（元），你看，好习惯带来大财富。这种强制储蓄，坚持10年或20年，很容易就能达到你无法想象的数额。

很多富豪都有节俭的习惯，不过却常被大众误解为“吝啬”。因此，普通大众更要改正自己的消费观，钱再多也要节制。

节俭，不如从日常生活开始，出门前，记得关灯、关空调；离开办公室时，记得关电脑；抹香皂时，记得关水龙头；买的笔记本，记得不要只写几个字就翻篇……

有一家橡胶塑料机械公司，把开源节流的原则落实到了日常生活中，他们把以前被搁置的拆箱后的包装材料妥善利用起来，一年下来，为公司省下了几十万的包装材料费。

把旧的材料重新利用起来，改造一下便做成新的包装箱，杜绝了浪费，降低了生产成本。回收旧料看似是小事，时间长了，积累多了，也能像滚雪球一样越滚越大。

美国《时代》周刊曾发表了一篇对美国数百亿亿万富翁的调查报告，这份报告是社会学家约翰·杰西克历时几年完成的，在报告中，他表明：在这些富豪身上，有很多共同点，诸如工作勤奋刻苦、信任自己、雄心勃勃、会在有意无意中学习很多理财知识等，其中还提到了他们非常节俭。不要以为他们赚了很多钱就会大手大脚地花，他们从不乱花钱，一直走在追求财富的道路上。

由此可见，对于全世界的人而言，求财之路都是相通的，要懂得节制，对花出去的每一分钱都要有规划。

兼顾眼前和长远

理财时，较为明智的做法便是兼顾眼前和长远，选择的投资产品既要稳妥又要灵活，唯有如此，一个人手里的钱才会越来越多。

每个人都有自己的物质生活目标，都有自己专属的财务问题。即便是同一个家庭，每个家庭成员对理财的需求也不同，无论大家的关系有多亲密，都不可能拥有同样的消费习惯以及储蓄习惯。对于其他问题，诸如，银行存多少钱，买多少保险，是买房还是租房等，不同的人会有不同的答案，一切都要视具体情况而定。

虽然大家的情况不一，但还是有一些常识性的原则可以遵循。

以下几条是成功人士拥抱财富的经验之谈，希望能给你一些启迪。

(1) 支出要合理。

学会记账，要明确自己的钱都花在了哪些地方，如果可能，把自己的花销分门别类记录在册，我们来看看会有哪些开支：

①固定开支：每月的房租、物业水电管理费、天然气

费、话费、贷款等。

②非固定开支：每月的生活费、买衣服的钱、买家具的钱、生病治疗费、交通费、家庭生活用品购置费等。

固定支出即我们的基本开支，是每个月都会花的钱，不太可能有大的变化。无论我们做什么工作，都要尽量满足我们的基本开支。

每个人大部分的固定支出，都可以确定下来，你不妨问问自己下面几个问题：

a.是买房还是租房？

b.买多少保险？

c.在特定情况下，是借还是买某件东西？

对很多家庭而言，不管是买房还是租房，都各有利弊，这要根据每个家庭的自身情况来定。

(2) 把钱花在自我提升上。

社会竞争激烈，一个人只有不断提升自我，才能紧跟社会步伐，获得更大的成功。所以，为了自己能站上一个更高的台阶，在学习上进行一些投资是不会错的。比如报一个外语学习班，提升自己的口语，让自己将来能够在外国客户面前侃侃而谈。此时，要避免很多享乐性的开销，比如泡吧、玩游戏、旅游等。每个人都应该让自己不断成长，提升自己的市场竞争力，别的方面也会逐渐丰富起来。

一个希望自己获得成功的人，要把时间和金钱都放在有益自身成长的地方，不能忽视这份忠告。在年轻时多学习，知识是我们最大的财富。

(3) 要有应急资金。

风险无处不在，没人知道明天和意外究竟哪一个会先来。如果手里没有一笔应急资金，当风险来临时，将很难自处。

(4) 为未来事业发展投资。

一个企业的所有者，需要合理规划自己的收支和盈利，而且要能够将自己的盈利投入再生产，不断扩大自己的事业。每个人对于自己的财产都应该如此，财富是否增长，取决于他的能力和他的投资维度。生活中，投资有很多种模式，比如银行存款、一定形式的保险、租金收入、股票、公共债券、终身或临时的商业或企业冒险，等等。

每个人在管理自己的财产之前，要先了解自己的财产状况。要清楚哪部分收入用于哪里，要学会看财务报表，当出现问题时，懂得找出其中的原因，能够采取措施，改善自身财务状况，实现收入的增长。

一个明智的人要不断去优化自己的理财产品，长期和短期要相辅相成，既要稳定又要灵活，在不断地调整和优化中，你的财富会越来越多。

定期做财务“体检”

健康的家庭财务状况，应该有良好的资产负债结构、足够的紧急备付能力、不单一的收入来源、量入为出的财务负担、良好的资本积累习惯和稳健的投资理财能力。

人需要定期做健康体检了解自己的身体状况，家庭财务也需要体检，及时发现其存在的问题和隐患。这些问题和隐患如果不及时发现、及时解决，很容易累积起来，等到爆发时就会影响正常的生活。

我们可以通过家庭财务比率来对比分析家庭财务状况是否健康，那么，何为财务比率分析呢？即对比资产负债表和现金流量表的数值，从中找出改善家庭财务状况的方案和措施。只有当你的家庭财务处于安全的状态时，你才能顺利应对出现的风险。

健康的家庭财务状况应该具备以下几大条件：

(1) 良好的资产负债结构。

每个人都或多或少背负着一些负债，有负债也是合理的，合理的资产负债率是在20%~60%。如果小于20%，说明你的负债很少，其实你可以充分利用自己的信用，比如，房子可以通过贷款来偿还，要学会用低息贷款来进一步优化自己的财务结构；如果你的负债率高于60%，说明你的财务状况堪忧，负债太多，你会很容易出现资不抵债的情形。

(2) 足够的应急资金。

要准备充足的流动性资金，比如现金、银行活期存款、货币基金等，多少流动资金是合理的呢？一般你要准备可以满足你三个月到半年开支的钱，这些钱能够让你在面对一些紧急情形时，不至于手足无措。对于一些有收入保障、工作较稳定的家庭而言，建议无须准备太多的现金，可以用现金去投资，以获得更多的财富。

(3) 要有多元化的收入来源。

从家庭收入来看，如果收入来源过于单一，风险很大，收入一旦中断，就很容易给家庭带来财务危机。对于家庭而言，可以通过多样化的理财收入来分散单一收入的风险。

(4) 家庭支出要量入为出。

家庭的每项支出都要合理，这就要根据家庭的收入情况而定，过度支出肯定会影响家庭生活质量，如果一不小心让信用卡透支了，久而久之，还会面对信用危机，会被银行收罚息或者被银行冻结资产等。当下，贷款的人越来越多，在贷款前要计算好自己的债务负担率，用年支出比年收入，将这一比率控制在20%~40%，如果高于40%，你再去银行借贷，一定会出现困难。

(5) 要有资本积累的习惯。

一个家庭要先存钱再花钱，适当地储蓄，慢慢积累资产。理财的第一步便是积累资产，只有资产积累足够多了，

才能够更好地实现保值和增值。

(6) 稳健的投资回报。

稳健的投资回报是财富增长的关键，此回报不能看短期，要看长期，如果能够长期保持稳健的投资回报，就可以获得相当可观的收益。

第五章

所有的成功，都源于你那颗不安分的心

激活你的财富潜意识

一个人想要获得更多的钱，先要有较为清晰的财富意识。有人说，你的财富意识并不由钱来决定，但钱的多少是由你的财富意识决定的。

你的意识就是你的方向，你要相信自己可以拥有无限的财富，你具备创造巨大财富的能力，再把这样的意识落实到你的生活方式中、你的每一次行动之上，不断调整自己的心态和模式，让其与财富相适应。

有几个心理暗示的方法，你不如试试看。

(1) 建立积极正面的金钱观，消除对金钱的仇视，不要觉得金钱是万恶之源。

(2) 相信自己的赚钱能力。

(3) 潜意识里为自己种下财富的种子。

(4) 努力变得阳光自信，把好运和财富都吸引到自己身边来。

你要让你的潜意识相信，你总是富足有余的。有一句话说，当你想要某种东西时，整个宇宙都会来帮你。你不要不开心地去做一件事，不要相信只有汗水和艰苦奋斗才能让你变得富有。你应该让自己放松，学会去享受生活，你要试着去爱你做的事，去感受投入其中的快乐，拥有一份阳光的心态，那么，你想要的都会得到。

一个不相信自己会发财的人，真的永远不会发财。你要先相信自己，相信自己的能力，相信自己的创造力。让你内心的力量指引你创造那个似乎不太可能的奇迹。

科学家曾做过一个这样的实验：他们把跳蚤放到桌面上，然后使劲敲打桌面，跳蚤能迅速跳起，跳起的高度让人吃惊。后来，科学家们在跳蚤的上方放了一个玻璃罩，再次敲打桌面时，跳蚤没有意识到有了一个束缚，依然使劲跳，结果被重重地弹了回去，连续多次“碰壁”后，跳蚤跳得没那么高了。科学家一次次降低玻璃罩的高度，直到紧贴桌面，在这个过程中，跳蚤也在一次次调整自己的高度。最后，科学家把玻璃罩拿开，可惜跳蚤再也无法跳了。

跳蚤变成“爬蚤”，是它丧失跳跃能力了吗？并不是，只不过是它在挫折中麻木了，习惯了，最终它要跳高的欲望也被扼杀了。这种现象，科学家们称为“自我设限”。

很多人跟跳蚤一样，喜欢自我设限，面对一个问题时，首先便想到了自己无法完成的情形。

我们每个人小的时候，总是天不怕地不怕。但是，在经历了挫折和磨难后，便产生了畏惧，很多人也丧失了之前的信心和勇气。

对于每个人而言，这种畏惧心理都是不健康的，经历

批评、打击和重创后便自暴自弃，自我轻视，不敢再前行。这种心态会阻碍你的进步和发展。你自己已经下意识地否定了自己，你自己都不相信你自己，又指望着谁来相信你呢？

记住：你的潜意识就像银行一样，只要你不断存储，它都会加倍回报你的。所以，你只有相信自己会富有起来，你才能真正富有。

很多人觉得“我想要赚很多钱”的梦想很世俗，很功利，其实追求金钱的梦想很具体，很现实，我们的生活中不能缺少钱，钱是我们通向更美好的生活的基础。所以，你的潜意识里要不断地加深“财富意识”，财富就会来到你的身边。

唤醒你的“野心”与激情

创业是一场硬仗，这一路上异常艰辛，在这条充满荆棘泥泞的道路上，究竟要如何坚持下来？当然靠的是你内心的那份欲望和激情。因为你喜欢，因为你想要得到，所以即便再艰难，你知道自己都会坚持走下去。

俗语说，性格决定命运，这句话在微软创始人比尔·盖茨身上得到了完美的印证。

盖茨在工作时的激情是常人难以想象的，他是一个十足的工作狂，无论做什么工作，他都能激情四射地完成。在宿舍玩扑克，他都比别人认真投入，做一件事就爱一件事，是盖茨的心法，研发电脑软件时也是如此。他能够在电脑房待上一整天，废寝忘食，不知疲倦。

比尔·盖茨从哈佛退学后，开始了创业，他每天除了工作还是工作，办公室成了他的第二个家。他全身心地沉浸在工作中，这种对工作的上心，最终使他的心血没有白费。他创造了自己的商业神话。

可见，要取得重大的成就，除了辛勤的汗水外，还要有野心与激情，以及对自己事业的热爱。

古奇从2016年开始做自媒体，初期，他一个人包揽了所有工作，带着一台电脑写写写。后来，他建立了团队，5人，10人，20人……及至现在，他雇用了50人。

古奇不是年轻的创业者，他有很丰富的经历，当然，决定走出来创业时，他做了最坏的打算，做好了吃苦的准备。他和他的团队几乎没有在晚上10点前离开过公司，有些时候，热点新闻一出来，他和他的团队会通宵赶稿，直接在不到50平方米的小办公室打地铺……

有人问古奇："如此拼命工作的动力是什么？"他说：

“我不觉得这是一份为了生存的工作，它是我毕生奋斗的事业。为了自己的梦想和事业去奋斗是幸福的，我一点儿都不累，相反，每天都像打了鸡血一样。虽然有很多困难和挑战，但我仍然坚信自己能够克服，最终走向胜利。”

古奇带领他的团队以过人的敬业精神和超强的执行力成了行业内的翘楚，广告赞助数不胜数，融资也很顺利。

虽然取得了不小的成绩，但内容行业要不断创新，古奇也知道未来的路还很漫长曲折。

从起初的坚定到现在，古奇依然信心十足。他对未来的路有着很大的期许，他相信以后只会越来越好。他每天都斗志昂扬，充满激情，所以他从未被任何困难打倒。

要保持长久的激情不容易，这份在创业中的激情，自然源于创始人对自己事业的野心。拿破仑说，不想当将军的士兵不是好的士兵；同样，不想成就一个伟大企业的创业者是不会获得大发展的。

野心，往往是促成一个人成就大事业的重要因素。我们常说，心有多大，舞台就有多大。一个人的野心是藏不住，也是不需要隐藏的，你只要向着你的目标前行就行了。

家财万贯，不如一技在身

学透、学精一项技能，一生受用，真正厉害的人，不是那些什么都会一些的人，而是那些各个领域里的专家。他们刻苦钻研一项技能，保持极高的热情，从而改变了自己的命运。

曾获诺贝尔物理学奖的美籍华人科学家杨振宁教授在理论物理研究上的成果颇丰，他曾在《读书教学四十年》一书中不无幽默地写道："这是我今天不是一个实验物理学家的原因，有的朋友说这恐怕是实验物理学的幸运，要不然我还是个普通的实验物理学家。"

在走上这条道路之前，他做过别的。

年轻时到美国留学，杨振宁立志要写一篇实验物理论文。但后来他发现自己的动手能力不行，便在导师的劝告下，放弃实验物理全面转入理论物理的研究。这一步对以后的他来讲实在是非常重要的，几年后，他的宇称不守恒定律获得了诺贝尔物理奖。

既然一个人很难成为全才，那就不妨努力去做一个专

才。经营自己的长处，你的人生也会增值。富兰克林曾说："宝贝放错了地方就成了废物。"说得也是这个道理。

19世纪初，有一位将军，身经百战，全身伤痕累累，更让人惋惜的是，在一次激烈作战时，他失去了一只眼睛和一条右腿，但幸好，他还是活了下来。战争结束后，他请了三位画家给他画像，第一位画家画了他独眼独腿的现状，一副失败者的意味，将军很不满；第二位画家呢，正好相反，把将军的残疾都修补完整了，将军有一双明亮的眼眸，还有健全的双腿，很不真实，将军依然不满意。第三位画家添加了自己日常的观察，他画了将军打猎时的画面，画像中，将军那只看不见的眼睛闭着，而那只明亮的眼睛正在瞄准猎物，那条残疾的腿也在马背的另一边，所有的残缺都被恰到好处地表现出来。这画里展现了将军的英姿飒爽。将军看到这幅画，甚为满意。

第三位画家就是用了扬长避短的策略，既符合将军的实际状况，又掩盖了将军身体上的残疾。

看了这个故事，你是否明白了这样的道理：世上不存在十全十美的模样，你也不用逼着自己把一切都做好。拿出一张白纸，把自己的优势和劣势都写下来，好好分析一番，然后找自己擅长的去做，你就会越走越顺畅。

爱因斯坦曾收到一封以色列当局的信，信中邀请他去当以色列总统。出人意料的是，爱因斯坦拒绝了，他说："我整个一生在同客观事物打交道，既缺乏天生的才智，也缺乏经验来处理行政事务，所以，我不适合如此高官重任。"这是爱因斯坦明智的选择。

大文豪马克·吐温曾经经商，不仅将自己多年的心血赔了个精光，还欠了一屁股债。妻子深知丈夫没有经商的本事，但有文学上的天赋，便帮助他振作精神，重新走上创作之路，终于使其摆脱了失败的痛苦，在文学创作上取得了辉煌的成就。

一个人要找到自己的喜好，知道自己适合做什么，热衷于做什么，去发展自己的长处，经营自己的优势，在适合自己的轨道上，你一定会取得骄人的成绩。

古语有云"尺有所短，寸有所长"，人生成功的秘诀之一便是努力挖掘自己的潜力，好好经营自己的长处。

我们经常讲，成功需要懂得"扬长避短"之道。凡成功者，尽管千差万别，但都有一个共同点，那就是要懂得"扬长避短"。我们也经常总结道："要以他人之长补己之短。"事实上，当你把精力和时间都用来弥补缺点时，就根本无暇顾及发展自己的长处了，慢慢地，优势也会成为劣势。有些欠缺是无法弥补的，何不把眼光收回来，去发展自己的长处。

在宽广的人生航道上，你不一定要做同样的工作，你

或许还有更好的选择。你或许应该再好好想想：自己究竟适合做什么，自己究竟喜欢什么。认清自己的优缺点，对你的人生发展至关重要。

俗话说，天生我材必有用。每个人都有自己的天赋和才干，但需要自己去发掘。当你还不知道自己的长处时，不妨多去尝试探索，找到自己的喜好后，要用心钻研，努力去成为那个行业的专家。成为专家后，你不会再恐慌，你能够靠着这项技能走天下。

《庄子》里有一个技艺超群的人，他的技艺简直到了出神入化的地步。这个人便是庖丁。

庖丁为梁惠王宰牛，他举起手中的刀具，不过三两下，一头牛便被肢解了，肉是肉，骨是骨，皮是皮，一清二楚。更让人惊讶的是，他的刀已经用了快20年了，这20年里，他宰了上千头牛，但他的刀还保持着最初的锐利。

在这个社会上，人但凡有一技之长，便可以自立。老一辈的人也常对年轻人说："家财万贯，不如薄技在身。"讲得都是一个道理，无技之人很难生存。

很多人都看不起别人的小技艺，总想做大事，比如当总裁、科学家、哲学家等，但这对自身的才能要求很高，除此之外，还要有机遇。不要小瞧那些地位不高的技艺，只要技艺精湛，同样可以扬名世界。小野二郎是寿司之神，梅兰芳是京剧巨擘，乔丹是篮球巨星，梅西是足球巨星……很多不被看好的技艺，成就了诸多传奇，他们也创造了极大的商业价值和社会价值。

大家要放弃成为全才的想法，只有术业有专攻，才可能大有所成。努力做好一件事，便会前途无量。

机遇不等人，把自己“推销”出去

在大场合，很多人都放不下面子，无法好好地表现自己。这可能是受传统观念的影响，自小的教育告诉我们做人要低调，不要强出头，不要哗众取宠，否则会被认为是出风头。而对于竞争激烈的当下，想要做一番大事，就一定要懂得卖弄自己，大胆地去表达吧，你就是全场最耀眼的明星。

常言道：“勇猛的老鹰，通常都把它们尖利的爪牙露在外面。”巧妙而适度地推荐自己，是变消极等待为积极争取、加快自我实现不可忽视的手段。成大事者，该高调的时候一定要高调，当你高调到举世皆知的程度后，你就不愁没人为你的产品买单了。

高调是一种夸张，更准确的表达是，要恰如其分地推销自己，要学会展示自己，表现出自己的优势，这样对方才能

够看清你，并且给你你想要的机会。

学会推销自己对于刚刚毕业的大学生，对于想要获得投资的创业者，对于销售员来说都非常重要。你要在众多墨守成规的人里独辟蹊径，要敢于推荐自己，建立自己的公众ID。

在那些可遇不可求、稍纵即逝的机遇面前，我们要主动推荐自己，引起他人的关注。主动出击是获得机遇的最佳途径。世上的伯乐在明处，而千里马在暗处，如果千里马只会苦等伯乐，那伯乐可能一辈子都无法看到你。此时，你需要去伯乐面前表现自己，让伯乐看到你，给你机会。

小的时候，我们都学过“毛遂自荐”的故事，当看到机遇时，你要主动把握，而不是每次都等别人来把好机会送到你面前。勇敢一点，努力去争取。

世界歌王帕瓦罗蒂到北京中央音乐学院访问时，每个学生都想在歌王面前展露自己的歌喉。毕竟这是一次难得的表现机会，如果能够有幸得到歌王的指点，那将是莫大的荣幸。届时自己的名气也会猛涨，必将有利于自己在歌坛的发展。于是人人都跃跃欲试。

帕瓦罗蒂在教室里听着学生们的演唱，并没有任何让他惊喜的地方。正在沉闷之际，窗外有歌声传来，他觉得这个学生的声音跟自己很像。他立即走出教室去寻找这位唱歌的人。不一会儿，他便见到了那位唱歌的学生，他唱的是一首名曲《今夜无人入睡》，帕瓦罗蒂激动不已，当即表示想要收他为徒。这个学生是谁呢？他叫黑海涛，来自陕北，以他的资历和学历，是没什么机会能够见到帕瓦罗蒂的，他只能试着用自己的歌声来打动歌王。他热爱唱歌，也在音乐的道路上不断学习摸索着，后来，在帕瓦罗蒂的帮助下，黑海涛顺利出国，到更优秀的音乐学院进修了。1998年，意大利举行世界声乐大赛，在奥地利学习的黑海涛联系帕瓦罗蒂，希望得到一次演出的机会。而帕瓦罗蒂也相信他的歌唱能力，强烈推荐他参加音乐大赛，黑海涛不负众望，在大赛上的表现不错。黑海涛凭着他那敢于推荐自己的勇气和不断努力的精神，在音乐道路上取得了非凡的成就。

从故事里不难读到：这个世界上不存在所谓的怀才不遇，特别是在这个互联网时代，你只要有才能，一传十，十传百，会有很多人认识你。但第一步需要你自己走出去。你如果只懂得俯首桌前，即便你的文章写得再好也不会有人知道。机遇稍纵即逝，学会推销自己很重要。著名数学家华罗庚曾说过："下棋找高手，弄斧到班门。"他认为，要敢于在能人面前表现自己，敢于和高手比高低。他在乡镇小店里自学时，就曾对苏家驹先生的理论产生了质疑。正是凭借这种可贵的精神，他早早地闯进了数学王国的神秘宫殿。

机会可遇不可求，当机会来临时，你要积极主动地争取，如果你怯懦了，往往就会与机会擦肩而过，要做好自我推荐的准备，这么优秀的你，值得被更多人看到。

拥有良好的团队意识

当下，一个人能干成大事吗？答案是否定的，一个人很难成就一番大事业，他需要团队，需要整合不同的个体资源。不言而喻，伟大事业的背后一定有一个强大的团队。所以，在社会上拼搏，每个人都要拥有良好的团队意识。

职场上，不提倡个人英雄主义，要创造划时代的成就，保持不败，就必须要依靠团队合作。

越来越多的公司老板把是否具有团队协作精神作为甄选员工的重要标准。当下，竞争已不再是单独个体之间的竞争，而是团队与团队的竞争、组织与组织的竞争以及企业与企业间的竞争，这一路上的诸多困难都不能仅凭一个人解决，必须要依靠团队的力量。

对于职场新人来说，只有学会与他人合作，将团队协作能力运用到具体的工作中，最终才会越走越远。拿破仑·希尔曾经说过："那些不了解合作重要性的人，就如同走进了生命的大旋涡，他们会遭受不幸的毁灭。'适者生存'是不变的道理，我们可以在世界上找出许多证据。我们所说的'适者'就是有力量的人，而所谓的'力量'就需要团队合作。为了获得成就，我们应该加强合作，而不是单独行动，一个人只有和其他人友好合作，才更容易获得成功。”在一个团队中，如果不能与他人友好合作，是很难取得好的工作成果的，记住：合作是取得成功的重要前提。

刘强供职于一家世界有名的营销公司，他觉得自己找到了归属，可以在里面大展拳脚。他虽然第一次参加工作，是职场新人，但同事们还是尊称他“刘博士”，因为全部门就他学历最高。

“刘博士”在完成了几个大项目后，得到了领导的赏识，开始有些飘飘然了。后来，公司接了一个大单，为了顺利完成，公司高层决定把项目交给一个团队。一众人兴致勃勃，于是很快便组建了一支超厉害的团队，团队成员都是公司的精英骨干，“刘博士”也在其中。不过，合作并不顺畅，一次次地修改方案，一次次地征集意见，来来回回、反反复复地修改，把“刘博士”的耐心都磨没了。一不做二不休，他决定脱离团队，按照自己的想法来，独自查资料、写方案，各种团队会议，他都敷衍应付，没有给出任何有效意见。

到了截止日期，“刘博士”和团队各自交出了一份方案，领导翻了翻“刘博士”的方案，然后单独找了他谈话，严厉地批评了他：“一个人逞英雄很帅吗？你的方案还有很多不完善的地方。相较于你个人的能力，公司更注重团队合作能力。”

刘强闷闷不乐，后来事实证明小组的方案确实比他的

要好。有了此次的教训后，刘强意识到了团队合作的重要性，他不再自高自大，虚心融入团队，和大家共同探讨出了一个又一个完美的方案。

当下的企业都非常注重团队协作，而且很多事例也确实证明了团队优于个人。因此，不论你多么优秀，都一定要有合作精神。

职场新人只有让自己尽快融入团队和集体中，才能取得更大的成功。摒弃个人主义，不要单独行动，要学会与他人合作。一位专家曾指出一个问题："现在年轻人在职场中普遍表现出的自负与自傲，使他们在融入工作环境方面表现得缓慢而困难。这是因为他们缺乏团队合作精神，项目都是自己做，不愿和同事一起想办法，每个人都会做出不同的结果，最后对公司一点用也没有，而这些人也不可能做出好的成绩来。"如果你很自闭，不善于合作沟通，只会一个劲儿地自我摸索，最后很可能会被职场淘汰。

职场中切忌个人英雄主义，对于整个公司而言，更看重一个团队的成果。一个人的优秀不算优秀，一个团队的拔尖才是真正的厉害。所以，大家也要充分利用团队的力量来成就自己，不要搞分裂。

迈克所在的部门具有极强的团队合作精神，也正因如此，他所在的部门获得了诸多耀眼的成绩，创造了很多奇迹，部门里的每一个人都有很棒的业绩。

部门成员相处得也十分融洽，大家互帮互助，有商有量。然而，这种和谐的合作氛围被迈克破坏了。

有一天，公司领导把一项重要任务交给了这个部门，项目的难度之大，让迈克的主管十分头疼，一连几天，大家都没有给出任何反馈，部门始终没有制订出一个可行的方案。此时，迈克着急了，他觉得要完成项目并不难，而且主管没有头绪，他自己已经悄悄拟订了一套周详的方案，为了表现自己，他没有和主管商量，便越级把方案给了总经理。

这种做法最终伤害了部门同事间的感情，破坏了团队合作精神。虽然他的方案得到了总经理的认可，总经理直接委派他和主管一同操作这个项目，可惜两个人之间已经出现了很深的裂痕，到具体执行时，分歧很多，最终项目也告吹了。

迈克的故事告诉我们：团队合作的前提是找准自己的位置，在团队中扮演好自己的角色，这样才能保证团队工作的顺利进行。若站错位置，分工不明，不但不会推进整体的工作进程，还会使整个团队陷入混乱。

当然，要想扮演好自己在团队中的角色，必须做到以下几点：

(1) 让团队领导出头，不要越级。这是团队中的每个人始终要坚守的原则。在工作上，要尊重团队共同的决策，要以整个团队的利益为出发点，不要私自行动，不论有什么意见，要在团队讨论时提出来，无论如何，你和团队是

一体的，一荣俱荣，一损俱损。要让客户和公司领导看到你们团队的专业和用心。

（2）在团队合作中，你可能很难真正信服一个人，但没有人是十全十美的，不要总是看到他们身上的缺点和不足，要努力寻找他们身上的闪光点。你会发现，每个成员身上都有闪光处，成为团体中的一员，便要与他人并肩作战，不要过分挑剔，要互相弥补各自的不足。

（3）要反省察看自己的缺点。一个人时你可能意识不到自身的不足，当你融入一个团队后，每个团队成员或许都是你的一面镜子，你与他们相处沟通的过程，也是一个认识自我的机会。你们或许会有争吵，但要坚守一个原则——对事不对人，彼此都是为了推进工作的进度以及把工作做好，互相磨合才能共创佳绩。

学习力是致富的源泉

卡耐基在其28项黄金法则中提出，人的精力和时间是有限的，一个人要想成功，要尽量在35岁以前学会本行业所需要的一切知识并有所发展。因为35岁之后，是你事业稳定发展的最佳时期，这个时期你所要用到的就是之前你所有的“储备”。

储备知识，就像储备矿藏一样。35岁是一个分水岭，如果35岁前的你没有任何积累，35岁的你所做得跟你20岁出头时所做得差不多，大浪淘沙，你注定会被淘汰。

“股神”巴菲特是如何成功的呢？在这背后，他也付出了很多心血，他在还没有确定自己的投资风格时，和许多人一样，整天都在看交易走势图，做技术分析，打听内幕消息，看财务报告……

一个人不能永远只靠技术分析、打听内幕消息，他需要有自己的眼光和判断。他购买的可口可乐，翻了10多倍。巴菲特一直在强调“价值投资”，他不是散户，他是在放长线钓大鱼，并对市场有极高的信心。

巴菲特所谓的成功秘诀，便是他所讲的：“我阅读我所关注公司的年报，同时我也阅读它竞争对手的年报，这些是我最主要的阅读材料。”

在某年的伯克希尔·哈撒韦股东大会上，巴菲特的挚友查理·芒格也说道：“我认为我和巴菲特从一些非常优秀的财经书籍和杂志中学习到的东西比其他渠道要多得多。没有大量的广泛阅读，你根本不可能成为一个真正成功的投资者。”

巴菲特和查理·芒格都在强调学习、阅读，1957年，巴菲特还专门向当时的投资大师格雷厄姆拜师学艺。经年累月，

巴菲特有了自己的投资体系，在实战中，他的想法也一次次得到验证。最终，他成了一代股神，创造了股市的传奇。

有一位上市公司的老板曾雇用数千名员工，他说：“我认为，很多年轻人的悲剧在于，他们做事不用心，没有激情，其实是因为他们很迷茫，根本没有想清楚自己真正想要的是什么。他们也不去学习积累知识，他们想要赚钱，获得薪水。除此之外，他们别无所求，所以，要想他们在工作中给自己或者公司创造什么价值，那是很难的。这很可悲。”

所以，大家一定要明白自己真正想做些什么，想达到什么样的目标。如果给自己的目标设定年限，那35岁就是一个很好的结点，35岁前为自己打好基础，学会行业内的必要知识，35岁后，在你有了知识的积累以及财富的积累后，不妨放手一搏，也许你就能创造自己的商业帝国。

我们来看一个教授养花的故事。

一年春天，祁伟经过邻居教授家的花园，看见教授边哼歌边在花园里修剪花草，心情十分愉快。祁伟忍不住停下脚步，和教授聊天，他问教授：“今天有什么开心的事吗？您似乎很开心哪！”教授答复：“我去年栽下的花，你看今年开得多鲜艳。”一丛丛玫瑰娇艳地盛开着，满园的春色，着实让人心情愉悦。祁伟把自己的困惑说了出来：“为什么我们两家的花园，差距这么大，我们家花园光秃秃的，去年栽下的种子，过完一个冬天，似乎都死光了，半点生机都没有，您有什么秘诀吗？”

教授微笑着问祁伟：“你打理花园多长时间了？”

“我们家从十多年前建立这座花园起，我就一直在打理它。”祁伟回答，“我每天都会给它们松土、施肥、剪枝，十多年来，从来没有懈怠过。”

教授不假思索地回应道：“这么说，这么多年来，你不过是在辛苦劳作，依靠一些简单的经验在打理花园，你从来没有想过去学一些养花的知识吗？养花可比耕耘一亩地难多了。养花有许多知识，而且花儿也比较娇贵，不同的花儿对气温、养料、水分的要求都不同，影响花草生长的因素有很多，跟育人一样，要因地制宜。”

听完教授的话，祁伟犹如醍醐灌顶，原来自己十多年来都疏忽了学习新知识。

沉思间，他又听教授说道：“哪天我把一些花卉书籍借给你，你可以从里面学到很多养花技巧。”

祁伟连连点头感谢。

教授最后说：“打理花园也是一门学问，如果你仔细钻研，你的花园早晚有一天能绽放出世界上最美丽的花儿。”

打理花园除了技巧和常识之外，还要学习一些必要的知识。对职场人士而言，更是如此。当你选择了一个行业，你就要把自己当成一个小学生，不断学习行业内知识，只有学习得越多，成功的概率才会越大。

这便是“活到老学到老”的道理吧，一个人多学习掌握知识总是好的，它会带领你去到更广阔的空间。

本章链接：

走近富人，感受积极

看看下面的选项，有几个符合你的现状？

自卑

（ ）和朋友出游，朋友们走快了点，你就以为他们在孤立你。

（ ）挑选自己的衣服时你总是询问别人的意见。

（ ）你会和那些不如你的人走得比较近。

（ ）你会向别人询问你已经确定了的事情。

拖延

（ ）星期一的早晨，你总会为起床感到费劲和不愉快。

（ ）你常常跟自己说："我要是愿意的话，肯定可以……"

（ ）你总是制订健身计划，可你从不付诸行动，你总有各种各样的理由不去做，诸如工作繁忙、身体很累等。

（ ）你的洗衣机里已经塞不下你的脏衣服了。

没有目标

（ ）你整天泡在网上，却不清楚自己到底对网络上的什么东西感兴趣。

（ ）每个周一，你从来都不会花十分钟去考虑下这周要做什么，而是有什么事做什么事。

（ ）给你一个七天的长假，你会稀里糊涂地度过。

（ ） 你有报告要写，有客户要见，还有个饭局要去，这些事都很急，但你却花了半小时来决定先做什么。

抱怨不停

（ ） 今天堵车，你到办公室非常不开心，于是拉了个同事开始抱怨。

（ ） 回到家，你总是喜欢把今天碰到的烦心事告诉你的每位亲人，而且是不停地说。

（ ） 上班第一天，你就洞察办公室里人心叵测，各怀鬼胎。

（ ） 朋友吃得像货车装得一样多，却丝毫不发胖，而你很生气，因为你喝凉水都会变胖。

冷漠

（ ） 你从来没有给老人或者其他需要座位的人让过座。

（ ） 当你看到身边有不愉快的事情发生时，例如打架、抢劫，你会视而不见。

（ ） 你从不关心任何与你无关的事，当别人谈论时事的时候，你便离开。

（ ） 周末，你总是喜欢自己独自在家，虽然孤独寂寞，也免得麻烦。

虚荣

（ ） 你喜欢谈论有名气的亲戚朋友或以与名人交往为荣。

（ ） 你喜欢和别人谈论电影、名著和艺术，但其实自己知道得也不多，只是为了得到别人的赞许。

（　）你尤其想在大众面前露一手，因为这会引起大家对你的重视。

（　）你经常使用各种美颜相机自拍发朋友圈。

自我设限

（　）老板让你做某些事，而你感到自己太年轻或太老，力不从心。

（　）你经常为自己的相貌感到苦恼，最后你得出这样的结论：我就是长得不漂亮。

（　）你现在很痛苦，因为你在事业上多次失败，你觉得你肯定不能成功，时常对自己说："我命中注定就是这样倒霉。"

苛求完美

（　）你为一个项目做了多个计划，你却很难决定用哪个计划。

（　）你认为没有十足的把握通过一个并不重要的考试，就不考了。

（　）你一直在寻找你心中理想的配偶，但是你至今仍然是单身一人。

（　）你经常为了脸上的小瑕疵，不敢照镜子，甚至要去整容。

这些性格弱点，是令人讨厌的魔鬼，想要抛弃它们并不困难。现在，让我们马上行动！按照下面的顺序，认真完成每一项要求。

行动1：多想一些开心的事。不要让悲伤过度充斥在你的脑中，一旦不开心时，就要让自己切换到一些高兴的事情上，不管是过去的还是想要去完成的，都尽量去想那些开心、充满希望的事。

行动2：你为什么自卑？你对自己最不满意的地方是什么？想五分钟到十分钟，把这些负面事件记下来，从现在开始改变，每天鼓励自己，不断提升自己的自信心，相信自己一定能够成功。

行动3：尝试与陌生人沟通，并对他们微笑。给自己一个不小的挑战，找两个陌生人练习微笑。一开始可能很难，但是多尝试几次后，你就慢慢学会如何与陌生人相处了。

第六章

缺什么，你就借什么

在富人堆里站上一会儿

一个人的智慧源于学习、观察和思考。要想获得较快的提升，便要跟对人，跟在厉害的人身边，学习他们的经验和智慧，假以时日，自己也会成为厉害的人。这也相当于给自己找一个榜样，榜样的力量和影响力是巨大的，向榜样学习便是你成长的重要一课。

在美国乡下，有一个叫奥斯卡的年轻人。他的父母在他成年后就去世了，父母给他和妹妹留下一间很小的杂货店。他们出售一些零食、汽水和期刊，每个月只能有一笔微薄的收入，生活甚是惨淡。

有一天，妹妹问哥哥："为什么同样的店铺，有的赚钱，有的却像我们这样经营惨淡呢?"奥斯卡回答说："我觉得我们经营有问题，如果经营得好，小本生意也可以赚钱的。"可是，如何才能经营得好呢？哥哥和妹妹陷入了沉思。后来，他们决定去别的生意很好的店铺看看。

他们去了当地一家每日顾客都很多、常年生意红火的店铺。在店铺外面，他们看到了一则告示："凡来本店购物的顾客，请保存发票，年底可以凭发票额的4%免费购物。”他们把这份告示看了又看，终于明白这家店铺生意兴隆的原因了。原来顾客就是贪图那4%的免费商品。

他们回到自己的店里后，立即贴了一张醒目的告示：“本店从即日起，全部商品让利4%，保证所售商品为全市最低价，如顾客发现不是全市最低价，本店可以退回差价，并给予奖励。”正是凭借这种“偷”来的智慧，兄妹俩的店铺也迎来了人潮，很快就成了当地生意最火的店铺。

要想变得富有，就必须向富人学习。在富人堆里即使站上一会儿，也会闻到富人的气息。美国著名的领导力专家约翰·马克斯韦尔对成功人士为什么能成为行业内的领袖做过一个问卷调查，并由此得出结论：自然天赋占10%，危机所产生的结果占5%，其他领袖的影响占85%。也就是说，有超过4/5的人之所以能够成功，是因为受到了那些卓越的前辈的影响。

曾经有一位穷人见富人生活得非常惬意和舒适，于是对富人说：“我愿意在你家里为你工作两年，我不要一分钱，能让我吃饱饭有地方住就行。”富人听后立即答应了穷人的请求。两年期满，穷人离开，自谋生路。又过了三年，昔日的穷人已经变得非常富有，而富人却变得穷困起来。于是富人向昔日的穷人请求，自己愿意出钱买他富有的经验。穷人听罢哈哈大笑：“我是用从你那儿学到的经验赚得了大量财富，你怎么反倒用金钱买我的经验呀？”

俗语说，近朱者赤，近墨者黑，跟在什么人身边，你便极有可能会成为什么样的人。对于初出茅庐的年轻人而言，应尝试着从有经验的人那里学习，多听、多看、多想，在他们的指引下，向着成功迈进。

借力打力，让钱“跑起来”

金钱要在流通中才有价值，也只有在流通中才能增值，很多人拿着钱不投资，钱的数额不变，等于让手里的钱死去。要想让手里的钱越来越多，就要让手里的钱动起来，要善于“借力打力”，用贷款来投资，从而收获更多。

世界上最大最火的游乐园——迪士尼乐园也是通过贷款才得以发展和完善起来的。迪士尼乐园刚刚开园之时，只有一些会做简单动作的假动物，但人们对假动物的兴趣不大。创办人华特·迪士尼意识到了这一点，他买了一种机器鸟，于是，就有了后来的“啼奇屋”。“啼奇屋”的表演赢得了观众无数次的欢呼。

但是华特·迪士尼并没有就此满足，他又计划在乐园中展示美国历史，并称之为“总统之厅”，设想把每位美国总统做成真人大小的塑像，把他们的谈话和动作都活灵活现地模仿出来。但是华特·迪士尼当时并没有足够的资金。后来他想了个办法，就是寻找能为自己提供资金支持的公司或者个人。

当时，纽约正在筹备一个博览会，很多公司都要花钱买展位。华特·迪士尼又灵光一现，想到博览会是个好地方啊，可以结识很多公司。

在华特·迪士尼的努力下，终于有公司愿意与其合作了，它们是福特汽车公司、通用电气公司和百事可乐公司。接下来，就是迪士尼大显身手的时候了。华特·迪士尼要借此机会向大家展示自己的技术，如果能获得认可和称赞，那就能借助别人的资金来发展自己的技术了。

华特·迪士尼为福特汽车公司设计的是“神奇天道”，为通用电气公司设计的是一个戏院，名曰“进步世界”。在华特·迪士尼及其员工的努力下，这些策划均得到了支持者的认可，受到了人们热烈的欢迎，取得了巨大的成功，资金也就有了。出人意料的是，纽约世界博览会主席对“总统之厅”的幻灯片和林肯模型非常欣赏，决定让“总统之厅”在博览会中展出。

根据合约，通用电气公司和福特汽车公司需要各付100万元的技术费用。不过展览结束后，华特·迪士尼提出：如果两家公司愿意把他们展览厅的一切展示移到迪士尼乐园，各自的100万元就不用给了，权当搬运费。这两家公司一合计，觉得把展览搬到迪士尼乐园展示，不也是在宣传自己，

扩大影响力吗？而且这次还不用自己支付场地费。何乐而不为呢？于是，“进步世界”和“神奇天道”就这样形成了，而且慢慢成了迪士尼乐园中两处吸引人的去处。而迪士尼公司“用他人的钱发展自己的技术”的目的也达到了。

迪士尼公司“借钱”的顺利，和他们过硬的技术自然分不开。所以，在找他人借钱发展自身事业的过程中，一定要保证自己的实力过硬，这样，别人才会心甘情愿地把钱交到你手里。

在用借贷的钱来开创自己的事业方面，美国商界大亨丹尼尔·洛维格是一个成功的范例。

丹尼尔·洛维格年近40岁的时候，很想买一艘货轮，然后把它改装成油轮，因为运油比运其他货物更赚钱。可是当时他几乎一无所有。他找了几家银行，银行职员看到他衣衫褴褛，毫不犹豫地拒绝了他。

后来，洛维格想到了一个好办法。他有一艘还能航行的老油轮，他花了些时间把它精心“打扮”了一下，换了一副“新颜”，并以实惠的价格租给了一家石油公司。然后，他带着油轮租约合同去找大通银行，跟银行工作人员讲，他有一艘油轮，被大石油公司包租了，如果银行肯贷款给他，他可以让石油公司把每月的租金直接转给银行。

因为洛维格有一条油轮，并且那家石油公司信誉很好，大通银行没有要求他提供担保物，就直接把钱贷给了他。拿到钱后，他立即购买了早已物色好的一条老货轮，并迅速把它改装成油轮。接着，他采取同样的方式，把油轮包租给石油公司，获取租金，然后又以租金做抵押，重新向银行贷款，贷到款后又去买船。如此循环往复，像滚雪球似的，一艘又一艘油轮被他买下，然后租出去。等到贷款还清，整艘油轮就属于他了。随着一笔笔贷款逐渐还清，油轮的租金不再用来抵付给银行，而转入了他的私人账户。

洛维格将自己这次“借鸡生蛋”的经验复制到其他事业上，终于拥有了一个庞大得不可思议的跨国公司，这个公司拥有遍布世界的众多产业：许多家信贷公司、旅馆、钢铁厂……此外，他还拥有了一支可以和世界船王的船队相媲美的世界级船队！

“借鸡生蛋”“借贷买房”等案例，在生活中时有发生。一个人在资金不足的时候，可以通过贷款来投资。当然，想要轻轻松松贷到款并不容易，你要将自己的实力展现在对方面前。

当你想要快速积累财富时，要拓宽自己的思路，打开自己的眼界，寻找新的方法，主动出击。只要你的实力雄厚，自然会有很多人为你的梦想买单。

集思广益，威力无比

有句话说得好："只有聆听别人意见的人，才能在社会上有立足之处。"在当今这个竞争激烈的社会里，一个人的想法往往不够完善成熟，不如多听听他人的意见，凝聚多人的智慧，增加成功的机会。

俗语说："三个臭皮匠，顶个诸葛亮。"每个人的想法都不一样，在难题困境面前，一个人想不出解决方案时，不如多找几个人来，大家一起想，集思广益，很有可能激发出思想的火花。

日本东京有一个地下两层的饮食商业街，不过来的人不多，广场上总是一片死气沉沉的景象。

一天，商业街董事长突发奇想：如果有一条人工河就好了！来往的人既能听到脚底下潺潺的流水声，还能观赏广场上的喷泉。这确实是很适合"水都街区"的创意。

大家对董事长的构想很佩服，于是有人询问他构想的来源。他回答说，挖人工河的构想并不是一开始就有，而是几个年轻设计师一起讨论得出的。

有时候，一个好创意的产生来自众多偶然，比如其他人的一个提议。集思广益，是强有力的武器。

一个人的力量和努力终究有限，这时候就需要把许多专家聚拢在一起，让大家各显其能，各尽其才，共同创造。

一个人要想取得更高的成就，就一定要学会招揽人才，综合大家的意见和看法，凝聚一群人的智慧。作为领导者，要善于倾听团队里每个人的声音。偏听偏信、一意孤行都是不对的，整合所有人的提议，然后贯彻实施，团队才能越走越远。

作为团队的领导者，他可能没有多么厉害的专业才干，但他一定是一个从善如流的人。他懂得集众人所长，掌握高效的沟通技能，能够激发团队里每个人的潜能，顺利解决每个难题。

生活和工作中，遇到再大的挑战，都不要忘了去听听他人的看法，不要让自己被固有思维困住。

山外有山，人外有人，懂得借用别人的智慧，会成就不少大事。

羡慕他人之长不如将他人之长纳为己用，调动他人为自己做事，彼此相互成就，是成大事的基本法则。

三国时期，刘备文不如诸葛亮，武不如关羽、张飞、赵云，但他有极强的领导力，他能把他们都吸引到自己身边为己所用。这便是刘备的才干，集大家所长，共谋大业。如果你也有如此高的抱负，那也一定要不断训练自己的领导才干，集众人的才智，才有成就一番事业的可能。

《圣经》里摩西的故事相信很多人都看过。

摩西作为一代首领，带领着上千名以色列人前往上帝许诺给他们的领地。一人统领上千人，一路上的艰辛可想而知，他要时不时地提高音量讲话，而且任何人有需求，他都会一个一个地解答。他的岳父杰塞罗看到他的处境，十分心疼他，觉得他一直这样工作下去，会受不了的。于是，他给摩西出了一个主意，让摩西把这群人分为10个大组，每组100人；100个人里又细分，10个人一小组，组成10个小组，每一个小组选出一位首领，首领负责其成员的所有问题。摩西只要直接跟各大组首领对接就好了。

聪明的人善于从别人身上汲取智慧，让自己变得强大，从别人那里得到智慧，往往比得到金钱更有用。

用心去倾听每个人的意见，他们的意见你不一定都赞同，但有些想法一定是你没想到或不曾考虑过的。广纳他人意见，你会更快走向成功。

在交谈中，如果碰到浇你冷水的提议，或许你会十分气愤，但即便如此，你也一定要把对方的提议多考虑几次，是否真的那么不恰当？对方提出这种看法的缘由是什么？冷静后停下来，问问他们反对你的原因，请他们给出更实用的建议。

当然，在人生路上，你会遇上不管你是对是错都大肆评判你的人，这种人你不必理会，如果可能，请疏远他们，不要浪费你的时间和精力。

哈佛的一位植物学教授说过一句话：“许多自然现象显示：全体大于部分的总和。不同植物生长在一起，根部会相互缠绕，土质会因此改善，植物比单独生长时更为茂盛。同理，两块砖头所能承受的力量大于单独承受力的总和。”

这个原理也同样适用于人类社会，不要闭门造车，要敞开胸怀去倾听身边人的声音，接纳不同个体之间的差异，多与身边人合作，才能走向成功。

如何让别人主动与你合作

没有人喜欢被强迫去做某件事。如果你想要别人与你合作，与你共同完成某件事，那你就要主动和他沟通，征询他的意见和需要，让他觉得自己是整件事的主导者，告知他，没有他不行，最终他会自愿接受你的请托。

这是商业和政坛上的一个重要策略，你提出建议，让对方去得出结论，他会认为那是他自己的想法，最终会很乐意接受你。如此，你便可以赢得与他人合作的机会。

我们都希望按照自己的意愿去做一件事。上学的时候不希望被逼着学习，工作的时候不希望被逼着赚钱，唯有

了解到完成学习、完成工作是为自己，我们才会心甘情愿地去付出和拼搏。想要与人合作也是如此，把主动权交给对方，让对方满意，多听听对方的想法和需要，是快速获得对方信任的好方法。

在生意场上，如果你是领导者，要记得顾及每个人的想法，让每个人都有发光发热的机会，让他们感受到被重视，感受到自己在团队中的价值和意义。满足他们的一点点虚荣心，称赞他们一下，这样一来，你便会赢得他们的忠诚和拥护。

下面我们来看《人性的弱点》中卡耐基讲过的一个有趣的故事。

卡尔是一名服装设计公司的推销员，他三年如一日，每周都会去纽约，找一位著名的买主。可惜三年来，这位买主从来没有买过他的图样。他每次都很用心地看卡尔的图，最后对他说道："卡尔，我想我们还不能合作。你再回去好好想想。"卡尔知道他对自己的设计图样不太满意。

经过100多次的失败后，卡尔觉得一定是自己的问题。他开始学习心理学，研究了人的行为影响因素，并学习了一些如何引起他人兴趣的知识。后来，卡尔再一次敲开了买主的门，他拿出几张未完成的图样，走进了那位买主的办公室。

卡尔对买主说："我想请教你一下，我这里有几张尚未完成的图样，请你告诉我，如何做才能适合你的需求？"

买主看了看未完成的图，沉默了半晌，随后对卡尔说道："你先把图放在这里，下周一再来找我。"

几天后，卡尔如约来到了买主的办公室，买主给了他一些建议。卡尔听取建议后，拿回公司让工作人员迅速做了更改。修改完成后，他再次去了买主办公室，这次的结果如何？当然是完美。后来，买主接连买了他们好多图样，都是按照他自己的需求设计的，就这样卡尔赚了几十万美元。

卡尔说："我如今才知道自己当初失败的原因……我总是强迫他去接受我认为他需要的图样。其实我早就应该问清楚他需要的是什么，我早就应该把图样交给他，让他自己提意见。如此，他会觉得那是他自己设计的图样，而且，也是他自己喜欢的。如今，不需要我求他买，他自己就来找我买了。"

从卡尔的经历中，卡耐基得出了一个结论："你要影响别人而使他同意你的建议，那么请务必使对方以为这是他的意念。这是你与他人达成共同目标的一条捷径。"这不难理解，设想一下，在一个公众场合，我们会对什么样的人产生喜欢和钦佩之情？当然是那些能够站在我们的角度思考问题、说出我们心声的人。我们会非常乐意与他们相识。

在工作和生活中，你不要斤斤计较，不要过分苛求，待人宽厚，尊重对方，多为他人着想，你身边的人也会信赖和尊重你，并在你需要帮助的时候来到你身边。

坚持互利互享的双赢原则

一个人不可能独立地在社会中生存，人与人之间的合作与竞争是社会前进的一大动力。

卡耐基曾经说过："组织的第一个原则就是友好地合作，人们聚在一起可以做出一个人所不能做出的事业，团结合作是成功的基础。"在商业竞争中，也要善于借助他人的力量，与他人友好合作，更好地提高效率，给双方带来效益。

美国有一家圣玛诺·皮埃尔百货公司，这家百货公司的创立离不开两个人——圣玛诺和皮埃尔。

作为公司创始人之一的圣玛诺是一位高手，他这个人，最厉害的地方就在于，他善于与他人合作。他之所以会成功也和他懂得与他人合作分不开。

圣玛诺在刚开始创业的时候，一直在求人，尝遍了各种被拒绝的滋味，却始终未能找到合适的合作伙伴。直到一个冬天的夜晚，他在餐馆遇到了皮埃尔。皮埃尔是他事业上成功的关键人物，两人一见如故，聊到尽兴时，他们当即起身热情拥抱在一起。至此，他们建立了深远的合作关系，他们组合各自姓氏创办了圣玛诺·皮埃尔百货公司。

圣玛诺遇到皮埃尔后，两人的合作进展顺利，为各自带来了新的机遇和发展。公司第一年的盈利比圣玛诺独自一人运营时多了快10倍，高达40万美元。

合作的第二年，公司盈利之多，发展速度之快是两人都未曾想到的。随着公司发展越来越好，两个人的精力都不够用了，此时，皮埃尔提议道："我们何不再找一个有才华的人来跟我们一起做！"圣玛诺拍手称赞，于是他们给公司又找了一位合伙人。

圣玛诺和皮埃尔找了谁呢？他们经过几番寻觅考察，不经意间来到了一家布店。这家布店，人流拥挤，门前还贴了一张告示：布料已售完，明日会有新货。挤在门口的人，全都害怕明天买不到新布料，于是他们纷纷掏钱预订布料。圣玛诺站在角落里，问了问店里的工作人员，是什么货让这群女客户如此疯狂。工作人员告诉他，是一款法国布料，难以大量供应。听他这样讲，圣玛诺知道，其实并非原料少，而是老板在运用战术，用缺货来激发女客户的抢购欲，他的手法很高明，让人钦佩。

圣玛诺和皮埃尔窃窃私语了一番，不约而同地认为：这家布店的老板就是他们要找的人。随后，他们便约了布店老板见面，让人意外的是，他们其实算是有过几面之缘的，在很多场合都见过面，不过没有深入地交谈罢了。一阵寒暄后，圣玛诺对布店老板说："我们想邀请您到我们公司，与我们一起做好零售百货事业。"布店老板了解了他

们的情形后，愉快地答应了。

圣玛诺和皮埃尔授予他总经理的职位，布店老板也感激这份知遇之恩，在工作上十分用心投入，为公司创造了相当可观的收益。10年后，圣玛诺·皮埃尔百货公司营业额增长了600多倍，在全球各地有员工30多万人，每年销售额也高达70亿美元。

在商业管理系统中，组织是个大集体，而其下属各部门则是小集体。每个部门都有各自的领导，各部门虽然相对独立，但它们都必须为企业的总目标服务，而且在实现这个目标的过程中，要相互合作。

合作是促进更好发展的最佳方式，有些事情只有通过合作才能完成。美国某教授对1500名杰出人物做过研究，在研究中，他发现这些杰出成就者身上有很多共同点，诸如，他们关注自身成长；十分擅长与他人合作；他们很少加入恶性竞争；相较于竞争，他们更信奉合作共赢；等等。由此可见，这些杰出成就者不在乎竞争对手有多么厉害，自己要如何去打败对手，他们更在乎自身能力的提升。

对于很多优秀的创业者而言，他们真的没有时间紧盯竞争对手，有时候关注他人不如关注自身，提升自身的能力才是最大的竞争力。而且他们知道，要想走得更远更好，应该把竞争变为合作，集结更多人的智慧和力量，合作才能实现双赢。

许多国际性的大企业也是通过合作的方式来实现利益

增长的。而那些处于创业初期的企业，更应该通过合作的方式，为企业的发展开辟更广阔的空间。

合作共赢是现代商业竞争中的主流，打开自己的人脉资源，通过资源共享和资源互换，互惠互利。所以，每一个想要创业的人，在创业之前都要想一想，自己身边有没有可以实现合作双赢的人脉，有的话，不妨主动去谈谈。

职场上，任何人都不能缺乏合作精神，也许你自己可以走很远，但是当你与他人合作时，你一定会走得更远。

一位商界大亨说过："如果你想做成一件事，有三点很重要：合作、尝试和机遇。合作是最基本的；是否去尝试取决于你自己；至于机遇，据我所知，它一直都在那里。"所以，多一个敌人不如多一个朋友，你要通过合作让自己的事业上到一个更高的台阶。

助人者，人恒助之

一个人想要获取财富，却只顾自己，把帮助别人看作一件麻烦的事，不懂得发展良好的人际关系，那么，这个人不论能力多强，都很难成功。

发展人际关系的一大秘诀就是看到他人有难，伸出热

情的手，给予一份帮助和关心。也许你不会记得这份善心，但你的举手之劳会让对方永远铭记在心。而当你遇到困难时，对方肯定也不会置之不理。

天堂和地狱，有着天壤之别。不过天堂有多好？地狱有多差呢？有这样一个故事。

一个人有幸被大神带着去参观了天堂和地狱，大神希望他能够在参观之后选择一个好的归宿。

他先去看了让人害怕、有些阴森的地狱。刚到的时候，他很惊讶，看到一群人坐在座位上，准备吃饭。桌上的菜肴很丰富，鸡鸭鱼肉，蔬菜瓜果，应有尽有。

似乎待遇还挺好的，不过当他真正走近这些人时，发现每个人都很冷漠、沉闷，没有笑脸，没有精神，身体很瘦，状态很差。与此同时，他还发现，每个人的肩膀上都绑着一把叉子，叉子太长了，使他们无法吃东西，看着美食在旁，只能流口水，根本品尝不到。难怪他们那么瘦，都是饿出来的。

后来，他去了天堂。与在地狱所见到的景象一样，那里每个人的身上也有叉子，他们身旁也有美味佳肴。不过，这里的人很开心，他们唱歌跳舞，沉浸在欢声笑语中。相同的情景，为何结果如此大相径庭呢？原来，这里的人，自己吃不到东西，但他们相互喂食，因为互相帮助，喂饱了别人，也喂饱了自己。

这个故事大家一定都听过，它给了我们一个深刻的启示：人不能太自私，帮助他人就是在帮助自己。如果我们帮助其他人获得他们需要的东西，我们也会因此得到自己想要的东西，而且我们帮助的人越多，自己得到的也就越多。在创富的道路上，很多人之所以成功，其实也正是如此。

有这样一句话："帮助别人往上爬的人，自己也会爬得很高。"你帮助了他人，在他人得利后，作为回报他也一定会帮助你。这时，你得到的会比你付出的多很多。

其实，人与人之间就是一种守望相助的关系，个体的力量很薄弱，但大家在一起就会强大很多，面临险境，互帮互助，携手一起，也就不难了。在他人落难时，你毫不犹豫伸出援助之手，种下好因，你也会得到好果。

有这样一个古老的故事。

在一个不知名的小镇上，每年都会举办土豆品种大赛。一个叫乌斯的少年，成绩很出色，他种的土豆最大，最可口，每年都能得奖。奖品一般都是植物种子。不过，乌斯很无私，很善良，每次得奖后，都会把奖品分散给乡邻们。

他的这一举动让乡邻们十分感动，而且一传十，十传百，乌斯的无私举动传到了别的镇子上，很多人慕名而来。乌斯感慨地说："其实这些种子送给别人，也帮助了我。"

原来，乌斯将种子分给乡邻后，他们也都种上了一丛花或者一丛蔬菜，大家比邻而居。蜜蜂传播花粉是相互的，

乌斯想着，如果邻居家的花果不好，自然也会影响自己田地里的作物生长。

从这个故事中不难看出，要想赚大钱，就不能独享利益。当你有能力时，不要吝啬付出，慷慨地帮助一下弱者，让他也越来越强，当你有困难时，相信他也会不遗余力地去帮助你。

《人性的弱点》里揭示，人是自私自利的，是见不得他人好的。但总有一些强者，他们能够打破这些人性的不足，他们不顾自己的利益，他们乐于助人，他们或许没有多大的成就，但是他们一生最大的收获便是所有人的称赞和拥戴。与人方便，最终也会与己方便。

阿尔伯特·哈伯德说："聪明人都明白这样一个道理，帮助自己的唯一方法就是去帮助别人。"帮助别人解惑，自己获得知识；帮助别人，自己的道路更宽广；帮助别人，还会收获一份深厚的友谊。

那些懂得善用人脉资源的人，首先想到的不是得到，而是给予，给予别人帮助、给予别人扶持。记住，助人者，人恒助之。当你成为一个无私的人，那么每个人都会愿意帮你实现你的梦想。

本章链接：

察言观色，人心难测但可以测

一个人的心理状态、精神追求、生活爱好等，都或多或少地会通过他们的表情、服饰、谈吐、举止等方面表现出来，只要你察言观色，就能发现合适的话题。

从目前的积累来看，人们总结出了一些微表情的含义，比如：挺胸抬头/微笑——自信；抿嘴唇/摸鼻子——思考；手指摩擦手心——焦虑；咬指甲——缺乏安全感；把玩戒指/领带/项链——不安；眼睛向上看——迟疑；捧脸——羞愧；双手抱臂——警惕；嘴微张/眼睁大——错愕；手插口袋——紧张；撇嘴——不屑；挠头——不知所措；眼睛左顾右盼——害怕……

当然，这些微表情代表的含义并不是一成不变的，它会因人而异，因环境而异，要灵活运用微表情识人。

社交中，绝大多数人都有使用口头语的习惯。这种口头语言具有鲜明的个人特色，往往能体现说话人的真实心理和个性特点。

“老实说”“不骗你”

这类话极其肯定，常说这些话的人，其实是害怕被对方误解。这类人的性格比较急躁，不能够容忍被误解，希望对方能够完全相信自己。

“果然”

经常说“果然”的人，其实自己非常有想法，而且也比较坚持自己的想法，有的时候，会有些自以为是。

“另外”“还有”

这类人思维比较跳动，对身边的一切都充满了好奇心，喜欢尝试各类新鲜事物，思想前卫。可惜热情是短暂的，往往很难长久，无法做到有始有终。

“啊”“呀”“嗯”“这个”

经常用这几类转换词的人一般有两种，一是词汇少、反应比较慢的人，这类人说话时已经养成了这种连贯口语的习惯；二是领导，领导在发言时常用，有彰显自己领导风范的韵味。

“其实”

“其实”是很好的转移话题的词，经常用这个词的人往往有很强的表现欲望，希望能够得到他人的关注。他们多少有些骄傲和倔强，可能才华横溢，有些自负。

“听说”“据说”“听人说”

用这几个词的人，其实很圆滑，懂得给自己留有余地，不会给自己事后被打脸的机会。不过他们缺乏自我决断，也有些不太自信。

“最后”“怎么样怎么样”

这类人大多是有强烈的欲望和需求还未得到满足和实现。

“但是”“不过”

这几个词后面的话才是重点。懂得这样表达的人，其实很委婉，性格还算温和，也考虑了所听之人的感受，先赞扬，后否定。这也是学校老师、公司人事等常用的词汇。

“应该”“必须”“必定会”

经常使用这些词语的人，很强势，有时候还会给人一种高人一等、不尊重人的感觉。像家长和领导可能就很喜欢用，你应该这么做，什么应该做，什么不应该做，有一种吩咐命令的韵味在。

“确实如此”

这个词常常用来表达认同，经常说这个词的人，大多没有自己的想法，只会随声附和，其实内在也非常无知浅薄，却自以为是。

“可能吧”“或许是吧”“大概是吧”

不太确定的表达，要么这人圆滑，不愿意发表自己的观点；要么这人不太自信，也不太确认自己的答案。

“想当年……”

好汉不提当年勇，经常说“想当年”的人，可能是对当下不太满意，总抓着过去的丰功伟绩不放，炫耀得停不下来。这种人，永远过不好当下，注定是生活的失败者。

“绝对”“百分之百”“肯定”“不可能”

能说出如此坚定之话的人，比较武断，过于自信，很绝对。不过不能保证其真实可靠，你要警惕他人脱口而出的这份决绝，指不定什么时候就打脸了呢。

“我只告诉你”

真正的秘密是不应该跟任何人讲的，而喜欢对每个人

都说这句“我只告诉你”的人，往往不太成熟。目的也有待考证：第一，他可能想要讨好你，所以用这种话语让你觉得他很独特，从而愿意帮助他；第二，向他人炫耀自己不知从哪儿听来的绝密信息。其实，轻易泄露秘密的人，也不值得得到他人的信任。

“我早就知道了”

经常使用“我早就知道了”的人，算是“马后炮”了，可能缺乏耐心，喜欢表现自己。哪有那么多早知道，不过是事后想证明自己厉害的话术。

需要注意的是，根据上述语句来判断某个人的心理或性格时，首先需要确定这句话确实是这个人的习惯用语，而非偶尔为之。而且，谈话中语言的措辞远不止以上几种，我们还要在人际交往中多观察，多总结。

第七章

大胜靠德，得道者多助

学会分享和让利

瓦拉美卡是一家百货商场的董事，在一次记者会上，一个记者询问瓦拉美卡有何致富秘诀，他的回答是这样的："财富跟装满水的水桶一样，如果你把桶推向别人，水会溢向你；相反，如果你把桶拉到自己身边，水会溢向对方。同样的，你如果想独占财富，财富可能会远离你，而如果你愿意和他人分享，那么财富会扑面而来。"

瓦拉美卡说的是"分享"和"让利"的观念。

在我国古代，有"士农工商"的说法，商人是最底层的，不管你多有钱，如果你没有地位，依然不会被人尊重。《韩非子》中有一句话说："故舆人成舆，则欲人之富贵，匠人成棺，则欲人之夭死也。"什么意思呢？他说的是，造马车的人想要有人坐他的马车，就要盼着他人大富大贵，毕竟自己要赚他的钱。同样的，造棺材的人，想要卖棺材，只能盼着他人早点过世。这也表明了商人的形象，确实有些自私自利。

在大众心里，商人都过于看重自身利益，所以商人的形象，从古至今，都不太正面。《论语》中说："君子喻于义，小人喻于利。”在我们的传统文化中，“义”和“利”是对立的。商人重利，正因此，所以也就有了“无商不奸”的说法。

据考证，其实“无商不奸”是由“无商不尖”演化而来的，两个词虽然只有一字之差，意思却截然不同。

这里的“尖”没有错，指的是一种形状。古代卖米的商人，在量米的时候通常会用一把戒尺抹平升斗内隆起的米，以保证其分量充足。钱货两清之后，米商还会盛点米加在米斗上，在米的表面鼓成一个“尖”，算是给顾客的一个“甜头”。不管是做什么，但凡商人，都要懂得给顾客一些好处。因此，久而久之，便有了“无商不尖”的说法。

商家多给了这一点“甜头”，看似吃了小亏，但从长远来看，商家仍然是最大的受益者。因为这一点点米，商家赢得了客户的信任。这种信任感一旦形成，顾客就会再次上门，成为米店的“回头客”。

我们再来看看沃尔玛的故事。

沃尔玛作为全球最大的百货公司，大城市里无处不见它的身影，很多人都爱去沃尔玛买东西，为什么呢？就一点，相当实惠，比很多超市都便宜。这又是为何呢？

这要从沃尔玛的创始人山姆·沃尔顿说起。

1962年，当沃尔顿经营第一家超市时，他就打出了“天天平价”的招牌。沃尔顿还立了一条规矩：将一般的管

理费用支出严格控制在销售额的2%以内。对于商人而言，这是很不容易的，不过沃尔顿一直是这样坚持的，这份坚持至今都未被打破。

沃尔顿曾说道："我们重视每一分钱的价值，因为我们服务的宗旨之一就是帮每一名进店购物的顾客省钱。每当我们省下一美元，就赢得了顾客的一份信任。"正因如此，沃尔顿对采购员也有严格的要求，希望他们控制成本，要争取到最低的价格，与供应商沟通时态度也要十分坚决。他告诫说："你们不是在为商店讨价还价，而是在为顾客讨价还价，我们应该为顾客争取到最好的价钱。"沃尔顿既控制了管理费用，又控制了采购成本，由此才有了沃尔玛价格便宜的商品。

沃尔玛公司的著名口号是"让穷人过上富人的日子"，尽管说得很夸张，但确实体现了他们"让利于消费者"的宗旨。

曾经有一位顾客在沃尔玛买了一台果汁机，用了几天后，他无意中发现果汁机上有很多划痕。他怒气冲冲地拿着果汁机来到了沃尔玛，营业员了解情况后，当即给他换了一台新的果汁机，并且还告诉顾客："果汁机降价了，我们还需要退给您五美元。"

那么，秉承这一宗旨的沃尔玛，财富有没有不断萎缩呢？

几十年来，沃尔玛不仅没有出现经济萎缩的现象，而且还有不断扩张的趋势。即使在全球经济不景气的情况下，沃尔玛的销售额仍然以稳定的速度增长。

由此可见，企业要发展、要壮大，就必须像沃尔玛那样让利于顾客。若想让企业做大、做强，请先保护好顾客口袋里的每一分钱。

《哈佛商业评论》的一项调查结果显示：减少5%的客户流失，利润可提高25%~85%。而另一项研究则表明：开发新客户付出的成本，是维护老客户所付出成本的5倍还多。因此，吸引大量回头客，是做任何生意都离不开的成功法则。

无数事例证明，在商业经营之中，如果只顾眼前的利益，而不从长远利益去谋划，那么，必然会连眼前的利益也失掉。

不可否认，对于商人而言，要做的就是挣钱。然而，挣钱的方式有千万种，不一定就是在第一时间掏空顾客的口袋。在这个信息高度发达的社会，顾客已经不再像以前那样懵懂，他们会先分析再进行选择性消费，一旦顾客发现自己的钱花得不值时，便会毫不犹豫地离开。相反，如果商人能在第一时间保住顾客口袋里的钱，那么，谁都舍不得转身离去。

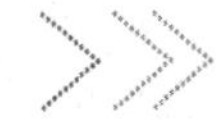

失去道德标准，你将失去一切

一个人智商再高，但如果失去了做人的道德标准，他将失去一切。现实生活中大量的事例证明了这一点。

有一位开五金公司的大老板，十分看重钱，恨不得把世界上所有的钱都装进自己包里。和供应商谈价格时，他总是极尽所能地压低对方提的价格，有时候因为供应商送货不及时，他也会大骂一通，对送来的货物更是吹毛求疵，但凡有任何瑕疵的，他都要供应商退一部分钱。对待员工，他更是吝啬，员工在公司吃饭，他时常让做饭的师傅们想尽办法，以降低伙食支出。

公司成立不到半年，大半的员工都走了，而且供应商也不愿再与他合作。最终，他不得不关掉了公司。

一个决心要做大事的人，首先要懂得如何做人。创办一个公司，要懂得如何体恤下属，如何与他人建立良好的合作关系，如果连这些基本的道理都不懂的话，如何成就事业？如果像五金公司老板一样，终会失去所有人脉。

每个人的成功都离不开身边亲人、朋友以及其他合作伙伴的支持和鼓励。若想获得成就，一定要学会与人相处，要有良好的道德品质，所谓“得道者多助，失道者寡助”，说的便是这个道理。没有人仅靠自己的力量就能爬上高峰，需要上面有人拉你，下面有人推你，你最终才能走向成功。

据史书记载，暴君商纣王天资聪颖，能言善道，有才干，同时力气也很大，能够举梁换柱，徒手与猛兽搏斗。可见，他其实并非一无是处，他是有才能的，也有为君的天赋。如果他能够好好利用的话，一定能成就一番大事业，与祖先们一同被歌功颂德，名扬后世。不过，让人遗憾的是，他未能好好利用自己的天赋，也没能控制好自己的欲望，他沉迷于酒池肉林间，宠信奸妃，凶残成性，残害忠良，一手打造了炮烙、虿盆等多种残酷刑法，连自己的叔父比干这样的忠良之人都不放过……最终，很多人起来反对他，他自知大势已去，便自焚而亡，商王朝就这样断送在他的手里。

史上的暴君有很多，大多都因为德行不够，最后落得个众叛亲离、国破家亡的结局。实在是可悲可叹。

德商是我们的立人之本，一个人的道德品质直接决定了他所站的位置，道德品质越高，喜欢他的人会越多，他站的位置就会越高。所以，想要成功，先要提高自己的德商，做到诚信正直，宽厚仁爱，做事光明磊落，心地善良纯粹。只有这样，你才会得到更多人的喜爱，在前行的道路上获得更多人的支持，早日成功。

没有高尚的道德，便没有高尚的品格，便没有高尚的

事业。我国著名教育家陶行知先生说："千学万学，学做真人。"我国古代的圣人们也告诉我们：德高才能望重。我国最著名的高等学府清华大学的校训是：自强不息，厚德载物。意思就是说：道德是人生的基础，以后人生发展的每一步，都跟我们是否有高尚的道德有着直接的关系。

其实，一个人是否能成才成功，智力因素往往仅占20%，而另外的80%取决于人格因素。良好的品德是人格的重要组成部分。如果忽略了品德培养和健康人格的构建，就容易出现一些智商很高、成就很低的人，甚至有些高智商的优秀人才最终成了"歪才""邪才"。真正有大成的人，是道德与智慧并存的人。

你锦上添花，我雪中送炭

人的一生不可能总是一帆风顺的，难免会碰到失利受挫的时候，这时可能就需要别人的帮助。"雪中送炭"与"锦上添花"是两种不同的助人意识，而"雪中送炭"更能体现出一个人的高尚品德，更容易让人感动，让对方铭记在心。也正因为这份感动与记忆，有时会让你得到意想不到的收获。

名动天下的商业领袖、一代官商胡雪岩的发迹可以说就是“雪中送炭”种下的善果。

胡雪岩生在一个穷苦家庭，十几岁出门谋生时，他去了一个钱庄，到那里当学徒。

有一年中秋，老板让他去讨要一笔欠款，最后，他拿回了一笔本以为是死账的欠款。他也得以松了一口气，当他在一间茶楼休息时，他遇到了文人王有龄，他俩一见如故。王有龄是一位有天赋、有才华、有志向的年轻人，他想要干一番大事业，可惜身无分文，没有出头之路。

了解了王有龄的困惑后，胡雪岩把自己收回来的那笔钱给了他。虽然他二人并没有深交，但胡雪岩由衷地信任他，支持他。胡雪岩说：“我愿倾家荡产，祝你高升。”王有龄很感动，感激涕零间，他信誓旦旦地说道：“您的大恩大德，我没齿难忘，等我出头之日，一定做牛做马报答您。”正是因为这一份雪中送炭的义气之举，让二人建立了一生的友谊。

患难见真情，雪中送炭永远比锦上添花让人感动。当你有能力帮助他人时，不要吝啬去付出，对于正在受苦的人而言，为他送去一些温暖，他会记得你的援助。在一个人饥寒交迫时，你能为他送去食物和棉被，这比在他顺境中送上祝福，更让人刻骨铭心。锦上添花让人高兴，但不及雪中送炭深刻，雪中送炭才是一个人最珍贵的情感回忆。

当你打算帮助别人的时候，请记住一条规则：救人一定要救急。在生活中，很多人总是在别人不是很需要的时候拉上一把，以便锦上添花。但锦上添花不如雪中送炭。其中的道理很简单：他人口干舌燥之时，你奉上一杯清水这便胜过九天甘露；当大雨过后，天气放晴，你再送他人雨伞，就已没有丝毫意义了。在人家落难的时候你帮他一把，即便这是你的举手之劳，别人也会牢记在心，投我以木瓜，报之以琼琚。

锦上添花的事情让别人去做，我们只做雪中送炭的事情，那便够了。

成为你自己——做个“好用”的人

一个企业要生存下去，必须要有核心产品，要有跟得上时代步伐的核心技术，还要去拓宽市场份额。如果没有这些，迟早会走向灭亡。

一个人要在社会上生存，也得有一技之长，要得到收入，就要展现出自己的价值。如果你不能跟上市场发展的需要，没有优势，很容易被社会淘汰。

职场上亦是如此，你只有能力强大，才不会被任何人取代。如果你能独当一面，能真正为上司解决难题，自然会得到上司的赏识和提拔，也会在职场立于不败之地。

在日本某火车站曾流传着这样一则故事：德国一家公司和日本东京一家公司有贸易往来，德国公司的经理时常需要去东京和大阪。在东京和大阪的往返车上坐了许多次后，德国经理觉得好奇：自己的运气真好，每次去大阪时，座位在右边，回东京时，座位在左边。每次正好都能看到富士山。

有一次，他禁不住问了日本公司那边的购票小姐：“每次的座位有帮忙选吗?”对方答复道：“对呀，经理喜欢富士山的壮丽景色吗？在您去大阪时，富士山在您右边，在您返回东京时，富士山在您左边。我想您肯定想看富士山，可是太忙，又没什么机会看，所以替您买了不同的车票，绝对能让您看到富士山。”

德国经理听罢十分感动，对日本公司的好感大增。也正因为这件小事，他跟日本公司的合作又进了一步。能看到他人看不到的细枝末节，还愁其他事情做不好吗？只要有心，什么都能做好。

这位职员的优势在于细心。细心是职场上每个人都要训练的技能，细心的人能看到他人看不到的地方，细心的行为总是会让他人感动和铭记，很多时候，成败都在细节处。

除了细心外，每个人都要找到自身的优势，成为那个“好用”的人。经营好自己的优势，你终会有所成就。

米勒从英国某大学毕业后，回到国内，加入了一家创业型公司，他心性高，谁都看不上，觉得自己特别厉害。

有一次，公司赶进度，上司把一项临时性的任务交给了他。结果他一口拒绝，说这个不是他分内的工作，而且现在不是上班时间，他没时间。面对这样的情形，上司对这位年轻人彻底失去了兴趣。

米勒在三个月试用期结束之后，被上司辞退了。上司跟他讲的是：“你能力太高，希望你能找到更适合自己的公司。”但真正的理由其实是，上司觉得他是一个不好用的人。虽然他把自己分内的工作做得很好，可是在面对紧急情况时，他却无法与公司同步，也没有为推动公司更好发展付出自己的努力。

日本知名财经杂志*PRESIDENT*提出：在21世纪的新经济时代，“好用”是企业内当红专业经理人的最大特质——因为“好用”的人态度开放、不自我设限、专长多样，且学习力强、可塑性高、愿意挑战新事物，极富责任感又能以公司的需要为己任。

希望你成为一个“好用”的人，早日实现自己的抱负。

工作的格局决定你的结局

何为工作？工作为我们带来财富，我们也在工作中不断创造着自己的价值。我们要通过工作去获得更好的生活。如何看待工作，我们就如何生活。是天堂还是地狱，皆由我们而定。

有一则古老的故事。

有三个石匠在雕塑石像，一位路人走过，看着他们特别辛苦，而且似乎也很无聊，就是一个劲儿地敲石头，忍不住问他们："你们在干什么呀？"

第一个人擦了擦汗水，有气无力地说道："锤石头呀，从早锤到晚，不过把这块石头弄完，我就回家了。"他一副很累的模样，也着实觉得自己太辛苦了。

第二个人叹了口气，说道："我们都在做雕像，没办法呀，要养家糊口。虽然我不是很喜欢这些石头，但是这份工作还不错，给了我很高的报酬，足够养活一家人了。"他觉得工作是生存的一种手段。

第三个人跟前两个人不同，他的精神状态最好，很骄傲地指着自己的石头说："我在做一项伟大的事业，我在创造一件完美的艺术品。"他喜欢自己的工作，由衷地表达

了自己的赞美和肯定，他也确实因工作而快乐。

如果可以，或许每个人都不想工作，人的骨子里或许都是懒惰的吧。所以在工作的过程中，就需要我们自己去赋予工作的意义。而且，不论什么样的工作，只要我们去细细体会，都能从中获得快乐。

工作做好了，我们的人生也不会差到哪里去，工作不仅是我们谋生的工具，更是我们实现自我价值的途径。

工作能够给我们带来极大的成就感，马斯洛需求层次理论里讲道，我们最高的需求是自我实现。那么如何实现呢？离不开工作。当我们在工作中，为自己、为他人、为整个社会创造了价值时，我们就实现了自我。

人人都需要一份工作，把自己的工作当成事业来做时，其中的成就感和幸福感是最强的。

不是抱怨，而是改变

要想在工作上取得突破是不能靠抱怨的，而是要去考虑如何改变，做到更好。这就需要积极的思维，阳光的心态，向上的工作理念。

张丽是做企业咨询顾问的，之前，她接到一个项目——改善某公司的人力资源管理工作。

她去了那家公司，在那家公司待了一个月后，她忧心忡忡，跟自己的上司抱怨了很久。她觉得，那家公司的企业管理糟糕透了，根本没什么好优化的，把所有人辞掉，大换血就好了。

上司听完后，笑了笑，语重心长地讲道："你能够看到的问题，其实他们公司的人力资源部也看到了。不过他们无法解决这样的困境，所以找到了我们。而我之所以让你去，也是希望你能够提出好的建议。轻易否定一件事是很容易的，但是那不是我们的工作，我们的工作是，用我们的智慧去解决问题，去改变这个局面。"

听完上司的话，张丽犹如醍醐灌顶，她回去认真分析了那家公司的企业结构，最后给出了很好的解决办法。经过这一次的磨炼，张丽成长了不少，她说，她从中学到最多的便是：不要抱怨，要去改变。

事实上，无论什么时候，抱怨都是不好的。我们要切换自己的思维，保持积极阳光的心态，面对问题，抱怨是没有任何作用的，要想办法去解决问题。在解决难题的过程中，我们也会不断成长蜕变。

刘文是做行政工作的，事务繁多，她经常跟朋友抱怨，说老板又给她安排了很多工作，她觉得很多工作都没有意

义；抱怨老板苛刻，把她的工作安排得满满的，什么都让自己做。她还经常吐槽老板，觉得老板能力不强，感觉自己给他做事根本不值得……

朋友最初还会听听刘文的抱怨，同时给她一些建议，诸如："你改变不了你老板的，你要改变你自己。""你要多从自己身上找问题，不能一味地抱怨别人和环境，如此一来，你的生活会很苦的。"……

可惜，刘文从未意识到这些，她也不曾去改变自己。在朋友面前成了消极主义者，大家都不愿再见她了，而且因为在工作上不够用心，屡犯错误，最终，她被辞退了。

不抱怨还有一层意思便是，抱怨是没有任何作用的，我们改变不了任何人，唯一能改变的只有我们自己。

当工作中遇到难以解决的问题时，一些员工往往会直接推给上司，被动地等待上司给出解决办法，然后照章办事。他们认为即使出了问题，也是上司的责任，与己无关；就算问题没解决，反正也汇报给了上司，自己也不会被责怪，这样才是最安全的。

这样的员工，其实是把自己定位在一种打工的状态，认为企业的一切都是老板的，事不关己，所以理所当然应该由上司来操心。但他们未曾想到：如果他们在工作中没有主张和见解，没有解决问题的办法，企业为什么要提拔自己呢？

把问题都推给上司的做法是很不对的。第一，会让上司觉得你的能力有问题；第二，其实上司不是万能的，他在专业上，也许还没有你精通，所以并不一定能够给你一个中肯的建议。

除了员工外，老板经常也会有一些小牢骚，比如，他们可能会说：有些员工不经大脑，随口就提问题，提的问题真的很低级，一看就知道他们自己都没有好好思考过。是不是不想干了？如果任何问题都来问我，我招他们来干吗？这样的员工，越早辞退越好。我不喜欢没有思考能力、什么事都要来烦我的员工。

某公司的总经理发现公司存在很多问题，诸如，各部门工作效率低下，费用支出越来越多，人员流动快，好几个重要的项目都失败了，客户的投诉还那么多……真是让人忧心，于是，他决定召开一次大会。

在会上，总经理大发脾气。指出了各部门存在的问题，表达了他的希冀，希望近期就能看到各部门的改变。结果并不尽如人意，一个月后，他再度召开了大会，希望各个部门的领导能够给出一个合理的解释。

市场部、人力资源部、财务部的经理们纷纷发言，表达了自己的无奈，提出了很多问题，但自己根本解决不了，都想听听总经理的意见。

一番七嘴八舌的争论后，总经理气急败坏地离开了会议室，给部下提出警告：“这些问题，你们从来没有反馈过，是不是我不问，你们就不说？眼看着公司一天天消沉

下去，你们也不管！所有问题，你们回去汇总一下，然后我们再来统一解决。”

上司也有自己的盲区和局限，他无法看到所有真实的情况，遇到问题时，他也需要员工们的反馈和帮助。亚马逊CEO贝佐斯曾如此说道：“员工不只是为老板工作的人，他们还应该是为老板提供建议的人。”员工不仅要提出问题，也要出谋划策，给出解决方案。作为老板，他深信每个员工都有自己的优势，而且也都是能为他解决问题的。

如果你是老板，一定会希望员工能和自己一样，将公司当成自己的事业，更加努力，更加勤奋。

有一条规则被不断验证：那些积极工作、主动提出解决方案的员工，通常更具创造力。他们与公司共命运，具有强烈的主人意识，认为公司的事就是自己分内的事，从不推诿，从不懈怠，而是不断主动思索解决问题的方案。

如果员工能够不断把自己放在上司的位置上去审视和处理工作，从而使自己的思路和视角得到扩展与提升，他们将会永远走在最前列。

不把问题推给上司，体现的是一种积极主动的担当精神。这样的员工明白自己的价值就是为上司“解题”，而不是给上司“出题”。他们会时刻问自己：“我还能做什么？”而不会问自己：“我还能推什么？”正是这两种不同的出发点，导致了不同的职场生涯——辉煌或黯淡，收获或失落。

本章链接：

性格与职业选择参考

理智稳健型

理智稳健型的人，做事脚踏实地，稳扎稳打，比较擅长做一些数据、网络等方面的工作。如果擅长辩论或者谈判，可以试试律师、谈判专家等职业，当然，也很适合去创业，做企业家。

沉默内敛型

沉默内敛型的人适合一个人忙，比如做研究、做设计、写作等。这类人更擅长向内思考，所以也很适合做心理研究的工作。

热情奔放型

热情奔放型的人善于给大家制造快乐的气氛，所以很受众人的欢迎，适合做一些外交的工作。相对来说，他们可能做不了逻辑思辨的工作，不适合和数字打交道。

敏感抑郁型

敏感抑郁的人平常善于压抑自己的情感，能够理性冷静地工作，可能不太适合与人打交道，要避开销售的工作，比较适合做内勤、秘书等文职类工作。

直觉豪放型

这类人洞察力强，直觉、方向感都不错，可以做职业

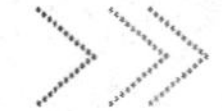

规划、预测市场行情等方面的工作。另外，这类人善于发现他人的才能，有一双火眼金睛，不适合执行，但适合做领导。

幻想执拗型

幻想执拗型的人很适合做艺术家。他们不用活在现实的世界里，活在一个自己创造的虚构的世界里就好了。他们有某方面的才干，好好干下去，会得到快乐和幸福的。

第八章

富贵险中求，创业——你准备好了吗？

创业者所面临的风险

创业过程中，会遇到很多荆棘坎坷，需要你做出一个又一个艰难的抉择。如果创业者没有足够的勇气去面对这些，那结局肯定会不尽如人意。正如当年拿破仑进军俄国时那般，在攻占莫斯科后，面对物资补给匮乏的情况时，他明知战况对自己不利，可是他没有勇气面对失败，而是心存侥幸，最终酿成了大败的结局，也成了他终生的遗憾。

比拿破仑有勇气的是戴高乐。他在第二次世界大战初期，面对纳粹所向披靡的进攻，下令全军撤退，有勇气面对一时的失利，最终，他获胜了，战胜了法西斯。

前进时需要勇气，撤退时需要更大的勇气。所谓急流勇退便是如此，如果一个人没有这种勇气，便不可能获得最终的成功。

著名管理学家彼得·德鲁克在接受《哈佛商业评论》杂志的采访时，对方问他，如何评价《拿破仑传》，他的回答是："读《拿破仑传》时，你只需要看前六页就行了。拿破仑之所以能成功，全在于他的坚韧、不认输、有勇气。《拿破仑传》的前六页正好讲到拿破仑跟同学打架。拿破仑当时个子矮，打不过对方，但是他下定决心，即使快被打死了还要继续。这种勇气让同学害怕了，他的同学只好道歉了事。你学会这个就行了。”

美国第三十二任总统富兰克林·德拉诺·罗斯福说得好：“也许个性中，没有比坚定的决心更重要的成分。小男孩要成为伟大的人，或想日后在任何方面有举足轻重的地位，必须下定决心，不仅要克服千万重障碍，而且要在千百次的挫折和失败之后获胜。”

创业者需要有敢想敢做的勇气，不管结局如何，都要以平常心看待，至少你收获了一个过程。

微软创始人比尔·盖茨在接受《华尔街日报》的采访时曾坦言：“如果我有足够的勇气，我就可以像杰克·韦尔奇那样成功。别人认为比较困难的事情，我喜欢尝试一下，而我对失败的感觉，不像别人那样在意。搞经营也好，搞企业也好，基本的原理都是一样的，那就是创造性。这种创造性所带来的第一大风险就是很难得到公众的认可，这会使你心有余悸。因为当你提出这种创造性的时候，会有很多人认为你的想法并不对，这时你禁不住会犯嘀咕：是不是我自己错了？这个时候，正是考验一个人的时候。有的人退缩了，而我进了一步。进了这一步，就把距离拉开了。”

创业的困难是在所难免的，但出发了就要勇敢前行。

创业的过程跟荒野求生一样，想要成功抵达终点，就要敢于冒险。冒险需要勇气，但不能盲目，不要不自量力，不要横冲直撞，如果不加思考地前行，最终只会半路夭折。

出发很难，但更难的是走得远。如今是一个大众创业、万众创新的时代，人人都可以去创业，但创业者们在出发前，一定要客观分析一下自己一路上可能遇到的风险，大致而言，风险有以下几种。

机会成本风险

何谓机会成本风险？它是指创业者选择创业的同时放弃了自己原先从事或可能从事的职业。一个人选择创业也就对应地会失去其他的选择。

我们从一个简单的例子来看：甲和乙是大学同学，两人毕业后各自找了一份工作。甲工作一年以后，考虑再三，辞掉了当前的工作，决定去创业；乙认为自己不适合创业，继续工作着。对甲而言，他不再有收入，五险一金也只能自己去缴纳。如果创业成功自然万事不愁，但如果失败的话，他只能再次找工作，他失去了几年的工作资历，而且加上年龄等原因，都会使甲丧失一些机会。

这种机会成本风险是每个创业者在出发前都应认真考虑的问题。如果你觉得在公司能够学习成长，可以暂时不要辞掉工作，多积攒一些经验；如果你觉得公司不能让你满足，并且创业时机也成熟了，不妨下定决心，着手创业，即便失败，你也能够应对。

健康风险

有一句话说“健康是一，其他都是零”。身体健康是做一切事的前提，很多人忽视健康，严重透支自己的身体，最终年纪轻轻就倒下了。在病房才幡然醒悟，没了健康，一切都是零。

对于创业者而言，健康更加重要。创业很繁重、复杂，方方面面都要统筹，大多创业者都是年轻人，有一股冲劲儿在，不过长时间劳累，很容易导致健康出现问题。

大体上，创业者面临的健康问题主要来自两方面：一方面是体力透支、过度疲劳；另一方面是精神压力过大。

在体力方面，创业者既要操心家庭事务又要关心企业运作，要经营各方面的关系往来，频繁出差、应酬，吃饭也没有规律，冷的热的都有，长此以往，铁打的身体都会扛不住的。

除了身体方面，创业者在精神方面所受的压力也很大，既要应付公司内部的人际纠纷，又要担心盈利状况，还要去看市场效应、顾客回馈。面对各方的抱怨、挖苦和冷嘲热讽时，创业者内心的压力比谁都大，如果不能及时调整，很可能陷入精神抑郁中。

所以，创业者在创业之初要做好准备，为自己的健康打下坚实的基础。不论多忙，都要顾好三餐，不要饿一顿饱一顿；不要当夜猫子，要保证充足的睡眠；同时还要注意锻炼身体，运动可以提升体能，不要等到出现病痛的时候再后悔。

家庭风险

每个创业者在创业时都要考虑家庭风险，比如，是否得到了家人的支持。关于创业的成败自己要有所预判，创业之初，可能很长一段时间都不会有收入，要考虑家人是否能够承担和接受。如果在支出问题上和家人发生了矛盾，很容易产生家庭危机。还有创业之后，对孩子的教育问题，自己也不要光顾着工作，而忽略了陪伴孩子。如何兼顾家庭和事业，这是创业者必须要思考的问题。

成功的创业是科学规划的结果

创业虽然充满了艰险，但依然有方法可循。在创业之前，要先拿出规划，一个科学的规划，是成功创业的前提。

极具盛名的日本投资人孙正义有许多成功的投资案例，包括阿里巴巴、新浪、网易、当当等著名企业。

近几年，是互联网创业的高峰期。因为国际风险投资机构的进入，给了互联网创业者极大的支持。

风投机构（风险投资机构）虽然不能全面介入企业的运营，但是能够给企业诸多战略规划和前进指导，能够帮助企业规避不少风险。所以，对于创业者而言，可以寻求一些风投机构的援助，在他们的帮助下，更好地推动企业的发展。

风投机构是创业者前行路上的帮手，所以对于创业者而言，要不断结合和运用新的经验和方法来吸引风投机构，这是提高创业成功率的一大方法。

创业者在创业路上需要具备什么样的条件呢？

(1) 要有承担风险的意识。

很多人在创业时，想得都很乐观，都是美好的愿景。当然，不想着这些就真的走不出第一步，但想完这些之后，也要把最糟糕的结果想一想。一位成功的企业家说过："创业时要从最坏的结果打算，你能承担多大的损失，支撑多长时间，如何应对创业瓶颈阶段，才是最重要的。"不妨问一问自己，最坏的结果，自己能承担吗？创业路上的风险来临时，自己能保持清醒的头脑吗？这些都要未雨绸缪，多想一下，防患于未然。

(2) 经营管理能力最重要。

创业者的经营管理能力很重要，如果你经营能力出色，能创造价值，为公司赚钱，相信很多投资者会为你投资。

这个时期，创业者要做好一个项目，这是对创业者能力的考验，要注重提升开发客户的能力、应变能力等，创业者要去创造收益，要签单，要有客户。其实，很多创业成功者，都是做业务出身，有了客户，有了订单，自然一切都容易了。

(3) 创业要有足够的资源。

在创业时，要有完备的资源，具体有哪些呢？一般来

说，包括以下几点：

a.业务资源：靠什么赚钱？

b.经营管理资源：经营能力如何？

c.客户资源：谁来购买？

d.技术资源：凭什么赢得客户的信赖？

e.财务资源：是否有足够的启动资本？

f.行业经验资源：是否有对该行业知识的积累？

g.人力资源：是否有合适的专业人才？

这么多资源，创业者未必能完全具备，但至少也要具备某几个核心资源，比如业务资源、客户资源以及创业者的经营管理资源和财务资源，都是起步的基石，剩下的，可以在市场中获得。

创业者的综合素质

女娲造人时，没有任何偏爱，人人都是平等的，她让他们自己去创造，去打拼。可惜造化弄人，有人优秀，有人平庸，有时候你想要拥有的别人可能轻而易举就获得了。是什么造就了人跟人的诸多差距？究其原因，每个人的综合素质是有差别的，所以最终也创造了不一样的人生故事。

对每个人而言，综合素质主要包括五个方面：品德、精神、智商、情商、行动力。

对于创业者而言，需要什么样的综合素质呢？

(1) 优良的品格，诚信的经营意识。

创业者要跟形形色色的人打交道，他们会在这条路上遇到好机会，但是只有那些有诚信、有良好品质的人才能得到机遇的垂青。

李嘉诚先生说过："我决不同意为了成功而不择手段，如果这样，即使侥幸略有所得，也必不能长久。"在他的创业之道上，他信奉"诚信"二字。

李嘉诚是从生产塑胶花开始驰骋商界的。当初，为了与外商签一批订单，为了确保自己有供货的能力，他需要寻找一家有实力的工厂做担保。但是，他白手起家，没有背景，在外面跑了几天，磨破了嘴皮子，依然无人愿意为他作担保。无奈之下，李嘉诚只得对外商以诚相告。

最终的结果是让人意外的，即便没有任何担保，外商依然决定与他合作。外商对他说："真没想到，在这个无商不奸的时代，你竟然能够以诚相待，从你坦白之言中可以看出，你是一位诚实的君子。"李嘉诚的诚实感动了对方。外商还说道："我深信诚信不仅是你的做人之道，更是你的经营之本，你是一位令人尊敬的可信赖之人。为此，我愿预付货款，以便为你扩大生产提供资金。"

诚信是一个创业者最大的资产，这个资产可以给创业者带来信任和财富，如果一个创业者失去诚信，那他也终

将会失去一切。

(2) 良好的精神素质。

精神是一个哲学术语，它是指我们头脑里的各种想法。外在的事物通过人的感觉、知觉和意识进入人的体内，便成了人的精神。一个人的精神境界越高，他站得就会越高；反之，精神脆弱的人，也自然不会走得长远。

对于创业者而言，精神是一种智慧，是无穷的行动力。面对创业路上的种种艰险，创业者能够依靠自己的精神激发出无限的潜能，从而走出困境。

很多企业家把精神转化为整个企业运作的价值观和方向，于是就形成了企业文化。文化的传承也是一种精神的延续，这种力量能帮助人们克服内心的恐惧和怯懦，从而走向成功。

(3) 智商。

人人都希望成为高智商的人，智商高低具体表现在阅读、写作、几何、逻辑等方面，那些拿高分的孩子通常被认为是高智商人群。但高智商的人未必能成为优秀的创业者，因为他们可能沉浸在自己的世界里，缺乏行动力和动手能力。对创业者而言，比智商更重要的是情商。高分低能便是形容那些智商高但是情商却不高的人。

(4) 情商。

何为情商呢？情商包括一个人的心理素质和感性思维。一个人能否控制自己的情绪，调整自己的心态，这些都是情商。

世界巨富沃伦·巴菲特在有人问他为什么比上帝还富有

时说：“这个问题很简单，就像聪明人会做一些阻碍自己发挥全部工效的事情，原因不在智商，而在于心理素质。”当时在场的另一位巨富比尔·盖茨对此也深表赞同。

情商对于一个创业者来说非常重要，这就是很多人没有高学历但依然能够创业成功的原因。例如，李嘉诚是中学毕业，台湾地区“经营之神”王永庆最初只是一个米店的学徒。他们都是情商很高的人，他们善于与人打交道，他们能处理好人际关系，所以他们获得了成功。

(5) 行动力。

很多人只会空想，但缺乏行动力和实践能力，所以，他们没能成功。

对于创业者而言，要有想象力，但比想象力更重要的是落到实处的行动力，创业者要成为践行者。

创业者如何选拔员工

创业者选拔员工时，不要忽视基层岗位，要从最基层开始，首先把不适应工作岗位的人替换掉，留下合适的基层员工。

英国学者诺斯古德·帕金森在《帕金森定律》一书中讲

过这样一个案例。

一个平庸的官员有三种选择：一是让贤，让更称职的人接替自己；二是找一个能干的人给自己当助手；三是任命两个不如自己的人做助手。

人性的一大弱点是嫉妒，在公众场合时，谁都想做那个最厉害的人，不愿让别人凌驾于自己之上。

因此，平庸的官员不会采用第一种方法，因为这意味着他将失去自己的职权和相关的利益；当然，他也不会选择第二种方法，因为能者会得到更多人的赏识，很快就会超越他。

所以，他宁愿把能者放在底层，让他永无出头之日。最终，两个平庸之辈被推荐到副职岗位上，分担了他的工作。他本人还能高高在上发号施令。如此一来，两个副手也上行下效，再找两个更平庸的人做助手。

依此类推，管理层就形成了一个高才受制于低才、能人受制于笨蛋的现象。一个效率低下的领导机构就这样形成了。要想彻底改变这种现象，唯有换掉平庸者，招纳新人和能者。

任何一个企业，都不可能让员工按照自己的喜好来办事，必须有制度和规则存在，以此来约束大家的行为，推动公司更好地发展。

制度是必需的，纪律是企业的生命！一个优秀的管理者，要懂得制定好的制度，让员工们遵守和执行，最终共同推动公司的进步。一些考核制度当然也是为了留住优秀的员工，使能者居之，岗位上养闲人是对公司资源的浪费，最终肯定也会威胁到企业的生存和发展。

不要一再容忍员工的失误，也不能感情用事。当员工的行为危害到企业的管理时，管理者要拿出严谨的作风，行使自己的职权，让这样的员工得到应有的惩罚。

杨军2014年创业，做宠物用品，同行业的很多公司都倒闭了，但他的公司还挺立着，这和他的管理分不开。

杨军在企业管理中不是一个感情用事的人，他十分理智，对员工就一个要求：做好自己手里的事，不要居功自傲。这也算是公司的一大文化，人人都不可以轻易挑战其权威。凡是在工作中做不到这一点的，他都会果断裁掉他们，杨欣便是其中一位。

杨欣算是公司的骨干，她资历丰富，能力也强。慢慢地，她放松了对自己的约束，经常很晚才到公司，而且认为自己在工作上已经尽善尽美了，给公司也带来了不少的利润。可能因为她的影响，公司很多人都开始不按时上班，经常十一二点才到公司，而且大家的工作效率都下降了。

杨军找杨欣谈过，结果她依然我行我素，还跟杨军直言，自己的业绩一直在涨，为什么要改变呢?

无奈，杨军只能开除杨欣。这让很多人都感到震惊，杨军给出的答案便是：没有规矩不成方圆。公司用不起自高自大的人。

杨军一直认为，企业管理者不但要知人善任，更要知人善免，唯有如此，一个企业才能正向良性地发展。

管理者的权杖不是形同虚设的道具，它是一种警示：职场不是游乐园，不是你想来就来，想什么时候走就什么时候走的地方，不管你的能力有多强，都不要去蔑视制度。

创业型企业一定要做到各司其职

创业型企业在初期时，架构、流程、分工都不明确，这个时候，各司其职显得非常重要。

创业型企业的成员在实际工作中往往淡化了自己的岗位目标和职责，分工不明确、职责不清晰是常态，每个人都是哪里需要就去那里做什么，该做的永远都延迟，最终企业和个人的发展都滞后了。所以，创业型公司要努力做到以下几点。

（1）分工明确。

创业型企业似乎或多或少都有一个共同点：分工不明确。其实这是不好的，所以，在创业之初，创办人就要明确各成员的分工。这是最基本的一点，也是必不可少的一点。

如果在公司里，每个人都关心营销，每个人都在抓营销，每个人都要对营销进行“指点”“评价”“考核”，最终的结果便是不会有人真正负责营销了。营销是公司价值的由来，但众人都在做，谁都做不好，实质上，营销就处于瘫痪状态。

在一次半年度的会议上，X公司的五位领导都对每个部门作出了一番评价。他们各自是负责什么的呢？其实分工并没有那么明确，所以只能如此一通评价，每个人都在扮演着“总经理”的角色。每个部门都不尽如人意，每个人都没有做好自己分内的事，却天天把自己当成那个最忙的人，忙的都是些分外之事。

X公司确实刚成立不久，还不到两年，人员结构也不太完善，尝试过寻求各种突破，可惜都不可行。如此混乱的分工，对企业而言是极不正常的。这五位领导都是公司的骨干，但他们都在“内耗”，没有一个明确的分工，没有专注于做好一件事。其实他们只要分工明确一些，让每个人都专注于自己擅长的那一块，企业的发展一定会更快。

要想摆脱“内耗”，一定要做好明确的分工，让每个人专心负责好自己的那份工作，把它做到最好。有余力的时候再去插手别的，相信企业的经营一定会越来越好。

(2) 各尽其责。

这与“分工明确”相辅相成。每个成员应做好自己的工作，别掉链子，不要拖整个企业的后腿。

比如，营销总监需要对企业的产品定价、营销策略、销售业绩、销售团队管理总负责，通过各种营销的方式方

法，实现销售业绩的提升和增长，为企业发展提供源源不断的利润来源。人事总监，必须对企业人事招聘、管理、考核、薪酬设置、社保等相关工作全权负责。

依此类推，每个成员都有一个非常明确的分工，每个成员对自己的职责都十分清楚。每个成员都各尽其责，企业的发展才会是良性的、可持续的。

(3) 做了再说。

创业型企业的很多成员，以前所从事的工作可能与现在所负责的工作有一定偏差。比如，运营人员，他之前做的是项目的管理工作，但现在要从事科技行业；技术总监，以前从事金融行业的软件开发，现在从事财务管理软件的开发……此类情况比比皆是。

在这种情况之下，很多成员都需要一段时间熟悉新领域，然后他们才开始分工。

这个思路看似无误，其实很不利于企业和个人的发展，创业公司可是要争分夺秒的，哪里有那么多时间给你熟悉？不如边干边学，实践出真知。

陆车之前一直在做房产销售，后来和几个志同道合的朋友创业，做了互联网营销。

刚开始的两个月，他自己很郁闷，因为其他小伙伴都认为他要先熟悉互联网行业的知识，然后才能做好营销。同时，营销的工作暂由从事技术类和行政类的小伙伴做了，结果非常糟糕。眼见着公司运营举步维艰，陆车提出他要边干边学的想法，其他小伙伴把之前的客户信息都交给了他。陆车在实践中，边干边学，确实收益不小，自己对行业的了解也越来越透彻。他的成绩不错，拿了好几笔大单子，带着公司也慢慢走向了正轨。

其实，很多人都是在实践中成长的，所以，不要浪费时间来学习成长，应先去做。

(4) 一职一官，一官一职。

简单地说，就是：一个职位，只有一位负责人；一个员工，只有一个职位。

创业型企业在创业之初，由于人手有限，“一人多职”“能者多劳”的情况十分普遍。但是，随着企业的发展，领导者必须使员工的职责、分工更加明确、细化，不要让一个成员同时负责多个岗位。

创业者必须要有决策能力

创业者要有决断力。很多创业者缺乏商业意识，在企业发展的过程中，对市场方向和风险预估不够准确，对企业运营和财务状况缺乏全面的了解。当企业经营状况良好

时，还可以兴高采烈；可当企业经营状况萧条，出现财务危机时，很多创始人便一筹莫展。

因此，公司一定要有轻重缓急的决策，不是盲目前行，而是按照决策的优先顺序来。管理人的决策力也决定着公司的行动和战略。

确定公司事态的轻重缓急是很重要的事，必须是自觉地和有意识地进行。宁可做出并执行一个错误的决定，也不要因为费力伤神或令人不快而逃避这一工作，以致让公司成员自行确定事态的轻重缓急。

轻者缓，重者急，关键性的决策能够挽救公司于水火之中。

在公司发展的每个阶段都不可避免地要做一些决策，不要因为之前错了，就不愿再去做决策，公司的发展离不开这些决策。即使最优秀的领导者也不可避免会做出错误的决策，即便经常出错，但也要做出决策。管理人员的职责就是做出种种决策。不做决策，也就无所谓管理。管理人员应该建立起一种强烈的自尊心，积极地督促自己少犯错误。当然，要想避免每次决策都错误，应该在日常工作中总结经验，掌握正确的思路，以降低错误率。

本章链接：

测试你的决策力

想成为领导者的你是否具有决策力呢？做完下面的测试你就会知道了。

测试开始

1. 你的分析能力如何？

A. 喜欢整体考虑，不会在细节上考虑太多。

B. 喜欢先做好计划，按计划办事。

C. 总会认真考虑每件事，把事情拖延到最后期限。

2. 你能迅速地做出决定吗？

A. 能。

B. 需要一些时间。

C. 需要慢慢来，可是总来不及想，最后把事情弄得很糟糕。

3. 需要完成一项艰难决策时，你有多高的热情？

A. 早就做好一切准备了，无论结果如何，都能够接受。

B. 热情不高，但必须要做的话，我会尽力完成的。

C. 不想做艰难决策，总是避免做。

4. 你有多恋旧？

A. 时常会捐出一些旧衣服。

B. 会保留一些有美好回忆的旧衣服。

C. 我不会扔旧衣服。

5. 如果出现问题，你会怎么样？

A. 会承担责任。

B. 不愿意承担责任，为自己找借口。

C. 把责任推到别人身上。

6. 如果所有人都不支持你的决定，你会怎么做？

A. 我会坚持自己的观点，同时还可以与他们和平相处。

B. 我希望能够得到他们的理解，试图维持彼此的和平状态。

C. 我会跟着他们走。

7. 在别人眼里你是一个乐观的人吗？

A. 是，朋友们都很喜欢和我玩。

B. 我表面乐观，其实骨子里很悲观。

C. 我从不乐观，很悲观。

8. 你喜欢冒险吗？

A. 喜欢，我总喜欢去尝试一些新鲜的事物。

B. 偶尔会，看情形。

C. 不喜欢，怕危险。

9. 你是一个独立的人吗？

A. 是，很喜欢一个人的生活。

B. 不太是，还是想要身边有一个人。

C. 不是，我总是需要有个人在身边。

10. 别人的看法，对你来讲有多重要？

A. 不重要，我只在乎自己怎么想。

B. 我会听听对方的想法，但还是会坚持自己。

C. 很重要，我总是希望每个人都喜欢我。

计分标准：选A得10分，选B得5分，选C得1分，最后计算总分。

测试结果：

24分以下：差。你在生活中，很喜欢取悦他人，依赖他人，害怕尝试，害怕失败，无法对做错的事承担责任。这样的情形，你需要改正，要不然你很难在群体里发光，成为群体的领导者。

25~49分：中下。你在生活中，可能很在意他人的看法，很容易就被他人的观点带走了，从而不敢自己发声，也不敢对结果负责。你做决策时太慢了，这点也是需要你改正的。

50~74分：一般。你有潜力成为一个好的决策者，不过在你身上也有很多不足，你可能很喜欢取悦别人，依赖别人，也可能心怀恐惧，不敢轻易前行。总之，你要自己去寻找突破口。

75~99分：很好。你是一个高效的决策者。可能有的时候，你会想很多，但是你能够克服这些局限，让自己不断前进。

第九章

你的时间在哪里，你的财富就在哪里

抓住每一个当下

时间是成功的第一要素，如果我们不懂得合理运用自己的时间，不懂得提高我们做事的效率，我们就永远无法到达那个梦想的远方。远方是由无数个当下铺垫而来的，所以一定要紧抓每个当下。

1871年春天，威廉·奥斯勒在大学学医，他和大多数学生一样，为自己的期末考试担心，也为不可知的未来担忧，不知道自己将来要何去何从。

有一天，他在图书馆看了一本书，碰巧看到了一段很有哲理的话，正是这段话，不经意间改变了他的一生。

书里是这样写的：我们的主要工作不在于凝视遥不可及的未来，而是掌握确实分明的现在。这是卡莱尔的一则名言。

当年读到这句话后，威廉·奥斯勒不再为未来忧心忡忡，他着眼于当下，复习备考，好好学习医学知识。后来，他获聘为举世闻名的约翰·霍普金斯大学医学院教授，成为牛津大学的指定讲座教授，还被英国国王授予爵位，一生荣耀无比。

1913年春天，奥斯勒受邀在耶鲁大学举办了一场关于“时间”的演讲，他跟学生们分享了自己的故事。他讲道：就在前几个月，我搭船横跨大西洋，遗憾的是，有几个船舱漏水了。不过，船长很厉害，哦，是那艘船很厉害，如今的机械还是蛮神奇的。船长按了几个按钮，瞬间就把漏水的船舱和安全船舱隔绝开了，解决了当时的危机。

随即，奥斯勒话锋一转，感慨万千地说道：“你们每一个人，都比轮船的构造要神奇千百倍，航行得也会比船要远很多。我想劝你们要学习自律，自控，让自己的船舱不要漏水，确保自己的航行安全。无论是在人生的哪一个阶段，你都要站到船头上，留心让每一个环节都正常运作，然后按下按钮，把昨日紧紧关在铁门外，再按另一个，把将来也紧紧挡在门外，这样你就能安全地面对今日。昨日已死，来日渺渺，我们所有的将来就是今日，全部的救赎只在今日。所以记得把门关紧，从现在开始养成住在今日船舱的习惯。”

奥斯勒一生的成就和他对待当下的态度分不开。昨日已死，来日渺渺，我们要看紧的只有当下。

时间是有限的，生命也是有限的，如果不能把有限的时间投入到你热爱的工作中，又如何期待会有人生的大爆发呢？严格要求自己，妥善安排自己的时间，你一定会走向成功。

因此，每个人每天不妨多问问自己：究竟有多少时间是集中在一件事情、一个领域、一个目标上的？一天的时

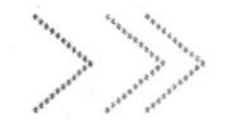

间都是如何度过的？从早上起床开始，做了多少工作，学了多少东西？今日事今日毕了吗？

李伟在一家文化公司上班，与其他员工一样，他只是一名普通员工。每个月收入固定，如果没有别的事，他完全可以十分安逸地过下去。

与别的员工不同的是，当别的员工消极怠工的时候，他依然在一丝不苟地做着自己的事情。尽管这些事情未必能够为他带来更多的薪水，但他懂得为自己工作的道理。与其上网、聊天、玩游戏浪费时间，为什么不多思考一些问题，多学一些业务知识，多策划几个选题呢？

突然有一天，公司的总经理晋升，由于没时间向社会公开招聘总经理，公司最终把总经理的位置给了李伟。这时候，同事都说李伟值了，因为他以前为公司赚的钱现在都成了为自己赚的了！

李伟的晋升其实不是偶然，因为他把自己的时间都交付给了工作，他不断学习和提升自己，没有浪费每分每秒。

一个人要想获得更高的成就，自然也要付出比他人更多的时间。如果能抓住每一个当下，合理安排自己的时间，未来一定是美好的。

良好的休息，让生命质量更高

卡耐基曾经说过："休息并不是浪费生命，它能让你在清醒的时候，更有效地做更多的事。"防止疲劳的法则是：经常休息，在你感到疲倦之前就先休息一下。带着困倦感工作，工作效率也会大大降低。所以，困倦的时候，不如让自己放松，休息一下，有了精神后再工作，肯定会事半功倍。

卡耐基曾有幸采访了参加过世界骑术大赛的骑术名将金·奥维。他在金·奥维的休息室等待的时候，发现奥维的休息室里放了一张折叠床，出于好奇，在采访时就问了他这件事，金·奥维答复道："我每天下午都要在床上休息一下，在两场表演之间，我也会选择休息一会儿。这也是我在好莱坞拍电影时养成的习惯。这样，可以让我精力充沛。"

后来，卡耐基把这个方法分享给了好莱坞一位电影导演。这位导演好几年都休息不好，经常感到劳累，他尝试过很多办法，也去看过心理医生，可是没有用，于是他找到了卡耐基。为此，卡耐基建议他，适时放松，在闲暇时刻，躺下来休息一下。

听了卡耐基的建议，这位导演照做了。一年后，他再

见卡耐基时，精神特别好，他开心地跟卡耐基分享道："我每天都抽时间躺在办公室的沙发上，我觉得自己每天的精神好极了，很少感到疲劳，每天可以多工作两小时。"

卡耐基认为，要防止疲劳和忧虑，第一条法则就是："经常休息，在你感到疲倦以前就休息。如果你没有办法在中午睡个觉，那么，至少要在吃晚饭之前躺下来休息一个小时，这比在吃饭前喝一杯酒便宜多了，而且更加有效。如果你能在下午五六点钟，或者七点钟左右，睡上一个小时。那么，你就可以每天在你的生活中增加一小时的清醒时间。为什么呢？因为晚饭前睡的那一小时，加上夜里所睡的六个小时——一共是七个小时——所带给你的好处却比连续睡八个小时更多。"

这一点，在军人身上也得到了证明，他们说，即便是经过多年的军事训练，体能极佳的人，在长途跋涉时，也是需要休息的。而且每小时休息十分钟，行军速度会明显快很多，行军距离也会更长。

事实上，一个人休息好的话，哪怕是短短十分钟的休息时间，清醒后的做事效率都会更高。所以，大家在忙于工作时，也要安排时间休息，良好的休息会让你之后的工作效率更高。

做事分清轻重缓急

很多人在工作中都会出现千头万绪、晕头转向的情况。这其实是未能把诸多问题分类的原因，在做事时，一定要分清轻重缓急，按照紧急优先顺序来解决问题，头脑会清醒很多。

秩序是生活的第一准则，只有按照事情的轻重缓急来办事，才能起到事半功倍的效果。所以，大家在解决问题时，一定要多思考，先划分好主次，然后逐一击破。

有一位公司的市场总监，由于工作太多，他感到焦虑不安，经常失眠，他决定去看看心理医生。

他到达诊所后，却被医生晾在了一边。他仅仅跟医生说了一句话，医生的电话就响了，医生关掉后，对方又继续打来，似乎很紧急。他只能让医生先接听电话，医生说不定有紧急事情要处理。

果不其然，医生一个电话接一个电话地接听着。电话里还给与总监有相似问题的病人分析了一些事情，等到医生忙完，开始走向他时，这位总监眉头已经舒展了。他说，在那十分钟里自己已经知道问题出在哪里了。在最后离开

时，他请求看一眼医生的书桌。

医生打开自己的书桌抽屉，里面只放了一些文具和笔记本。

总监问："你没有做完的事都放在哪里呢？"

医生回答："我都做完了。我的原则是，每月、每周、每天，都会有规划，而且都会尽量完成规划。"

总监犹如醍醐灌顶，回到办公室后，他首先清理了自己的办公桌，整理出了一大堆的报表和旧文件。此后，他养成了一有事情立马解决的习惯，不会再被堆积如山的事务所困扰。如今，他没有任何焦虑了，活得很快乐。

这位总监最大的问题便是做事没有秩序，一味地例行公事，不管其是否合理，他处于一种被动而机械的工作状态中。而正确的做法是主动工作，对手里堆积如山的工作，能够做出一个规划和调整，对其准确定位，然后一件件完成，事情自然会完成得更快更好。

究竟应该把什么放在第一位呢？我们来看看下面这个故事。

在深圳某高档会客厅里，一位化妆品公司的总裁老胡约见了声名卓著的企业管理大师杨老师。

胡总跟杨老师不停地说着自己的困惑。

她说："董事会提出明年要停销没有带来利润的8款产品，但这几款产品因为定价低，所以销量还行，如果停掉了，明年的销售额肯定要下降，剩余的80来款产品中，有近一半的产品市场占有率都不太好。所以，杨老师，你要帮帮我，我真的不知道要怎么办了。”

杨老师说：“你真的一点儿办法都没有吗？”

胡总说：“对呀，如果我不能给出一个好的解决方案，或许董事会早晚会换另一个人来担当大任。我想合并几家分公司，将现在的53家合并为35家。”

杨老师没有插话。胡总继续说道：“我还想裁掉部分员工，将即将停售的产品都卖掉。”

杨老师还是没有说话。胡总说：“我想给那些有竞争力的产品多投放一些广告，提高市场份额。”

杨老师不动声色。胡总还在夸夸其谈：“还有，我要减少成本，物流费用、销售费用都要降低，还有……”

杨老师忍不住打断了她。“胡总，你想得太多了，我们来想想，如果你只能做一件事，你目前真正想做的是什么？”

法国思想家帕斯卡说：“把什么放在第一位，是人们最难懂得的。”每个职场人士都要合理安排自己的时间，同时也要合理规划自己的工作，如此，才能更高效地完成既定任务。

建立自我时间管理清单

一个人每天要做的事可能有很多，他肩上的责任和担子也很大，如何把这些事都一一做好呢？每个人的时间都是有限的，在有限的时间面前，唯有好好约束自己，做好时间管理清单，才能做完所有事。

美国前总统奥巴马就是时间管理的强者，不，应该说，每一位领导都是。他们可能在专业上比不上自己的员工，但是他们在时间掌控方面一定是高手。

2010年8月，美国某著名杂志社的一名记者获得许可，可以在白宫待一天，以观察总统的一天。

在体验完总统的一天后，这位记者对总统给出了极高的评价。他发现，总统的工作真的很烦琐，工作量也很大，还真不是一般人能够胜任的。同时，他也很难想象，如果总统的行程没有秘书的安排打理，没有合理地管理时间的话，他的生活会变成什么样。

我们来看总统的一天是如何度过的。

据那位记者介绍，奥巴马有早起锻炼的习惯，他五六点就醒了，然后锻炼一个小时，锻炼结束后，和家人一起吃早餐，同时，他会阅读早报。

吃完饭后，他会进行总统每日简报的阅读，并在九点半准时去往白宫的办公室，处理一天的政务。

白宫的会议有很多，有全球经济，有军事情报，还有外交政策以及联邦活动的讨论。这些会议的召开，会占据他诸多时间，一直到下午四五点才会结束，也会有更晚的时候。

六点左右，他一天的工作告一段落。

他会抽时间和家人吃晚餐，这是他一天中最放松的时刻，他也尽量保留和家人一同吃饭的时间。

吃完饭后，他还会忙到深夜，处理电子邮件以及电话。

在时间管理领域中有一条“帕金森定律”，此定律显示，人们会根据任务的最终完成期限来对工作速度进行调整。如果一个任务的完成期限是一个月，我们可以不用着急，有一个月的时间用来完成任务。但如果有一项工作要一周内完成，我们肯定会调整自己的工作进度和状态，以保证能够在一个星期内完成。这便是时间管理的重要性，它会让我们在特定的时间去做特定的事，而且保证我们在这段时间的高效度。

如何制订一份时间管理清单呢？我们来看一个清单所应包含的基本内容。

时间总清单的制订

你先把一年的目标制订出来，然后切割成小目标，比

如季度目标，月目标，周目标，天目标……

(1) 写年度计划时，把应该做的一些大事明确写下来，分散到每个季度。

(2) 季度目标细分为月目标，随后可以在每月之初重新梳理，及时做好调整。

(3) 月目标具体到周目标，可以在每周末列出下一周的待做事项。

(4) 第二天的计划在前一天的晚上列出来。

时间日清单的制订

在进行时间日清单的制订时，你需要格外注意以下几个方面。

(1) 估算每完成一件事情大概需要的时间。

列出一天中的活动内容，并且根据自己的真实情况，对每项日程做具体时间的估算。

在做事时，一定要注意时间限制的重要性，将整件事情的完成时间控制在一定范围内。

一旦制订好了计划，就要严格要求自己，遵守自己规定的时间限制。如此，你才能更有效地抵御外界的干扰，令自己在长期的实践过程中挖掘出更大的潜能。

(2) 留出一定的弹性时间。

没有人知道一天中将会有什么意想不到的事发生，如果你将一天的日程安排得太满，一旦出现突发事件，你便极有可能没有时间应对。所以，在制订计划时，要给未知的事件留一些时间。

你可以尝试着用50%的时间应对明天已经确定下来的各类安排，再用剩下50%的时间应对突发性事件。

(3) 果断地做出正确的取舍。

想要让自己的日清单更有计划、更有意义，你要学会在不同的任务间进行取舍，具体应按事情的轻重缓急来安排。如果在某段时间内你的工作异常忙碌，你只需要将最重要的事情找出来，并按时完成即可。

(4) 对日清单的实施效果进行具体的检验。

之所以制订时间清单，是为了让我们的生活简单、有秩序。因此，你还要记得检验日清单的实施情况，只有清楚自己的完成状况，意识到拖延的坏处，然后改掉拖延的习惯，才能在以后不断改进。

以上是时间清单的制订与管理的重点，如果你想让时间管理更准确，就一定要不停反思，对自己的计划有一个详细的分析，找出是什么原因让你无法顺利完成清单。

(1) 你是否在一天之中为自己安排了过多的工作？

(2) 你是否在某些事情上花费了过多的时间？

(3) 你是否将时间浪费在了一件并不重要的事情上？

(4) 你是否因为受到了外界的干扰，才无法顺利完成今日的计划？

在找出原因之后，接下来你要进一步思考如何才能针对这一问题进行改进。

(1) 你所制订的日清单是否不够完善？

(2) 有哪些科学的工作方式可以提升你的工作效率？

(3) 你能否以更高的效率来完成某些具体的事务？

最后，你对自己一天的价值和意义进行反思：通过实践日清单，你的工作效率是否得到了大幅度的提升？你是否离自己的目标更近了一步？怎样才能做得更好？如何弥补前一日的不足？

在实践自我时间管理清单时，唯有那些有毅力和耐心的人才会成为最后的赢家，半途而废的人是永远无法体会度过充实的一天的甜蜜感受的。

希望你管理好时间，过好充实的每一天。

最大限度利用空闲时间

如果你的空闲时间很多，不要慌张，不要焦虑，这也正是你的成长时刻。

只要你能够充分利用自己的空闲时间，聚沙成塔，你可以学到很多知识，以此成为你一生最宝贵的财富。

聪明人都懂得，要在空闲时间不断学习成长。

时间就是金钱。世界领先的全球管理咨询公司麦肯锡公司曾做过一项调查，这项调查清晰明了地展示出我们一天的空闲时间到底有多少，这项调查表明：美国城市居民平均每日工作或学习的时间为5小时1分；基本生活必需的时间是10小时42分；做家务的时间是2小时21分；最后，闲暇时间有5小时56分。四类活动时间分别约占总时间的21%、45%、10%、25%。闲暇时间占了我们一天的近1/4，对很多人而言，每一天都如此，没什么大的变化。我们有时候，确实把这些时间都浪费了，比如玩游戏、看电视、刷微博、刷抖音……总之，一转眼就过去了，最后什么都没干，一天就结束了。很多人根本就不懂得如何好好利用闲暇时间。

这个调查还表明，越是高学历者，他们越重视时间，他们的工作时间很长，学习时间也很长，自然，收入也比低学历者高很多。

爱因斯坦说过一句话：“人的差异在于利用空闲时间。”很多人都认为，人与人之间的差距在于环境、机遇、能力及性格等方面。殊不知，是在于对时间的利用，所以每个人的人生截然不同。

只要充分利用自己的一些空闲时间，一个人就能改变自己的命运。

对于一个渴望成功的人而言，他懂得抓住每一分每一秒，在闲暇时间里，他的大脑也在运转和思考。比如，在每日上下班的车上，可以读书，可以背单词，还可以收发邮件等。

一位繁忙的业务员,他连在路上的时间都不放过，每次下飞机后，他就开始给客户打电话，等到打完电话，他也

差不多取到行李，走出机场了。他觉得，任何时间都不应该被浪费。

再比如，享有盛名的“奥林比亚科学院”，总是在大家的休息时间办活动，同时氛围也很轻松，大家边喝茶，边谈论。就这样，他们谈论出了不少科学论点，获得了很多成就。

创作了经典长篇小说《红字》的作者纳撒尼尔·霍桑，他其实是在海关部门工作，所有的创作都是在工作后的空闲时间完成的，而且成绩还不错。

生活中，很多时候我们都在等待，每个人因为等待浪费的时间数不胜数。在竞争如此激烈的当下，时间就是金钱。任何空闲时间都能创造价值和财富，所以，不要忽视那些空闲时间，好好利用它，我们一样可以获得成功。

找到“拉长”时间的关键

一天24小时，但是我们也可以过成25小时，我们的时间是可以相对拉长的。那么，我们如何去“拉长”时间呢？这里，我们整理了“拉长”时间的14个关键。

设立明确的目标，可以“拉长”时间

每到年底，大家都爱写年度计划，设定几个目标对于未来的一年而言是很有意义的。根据目标设定一些详细可行的计划，按照计划去过，你的时间就能“拉长”了。

80/20定律

成功的人用80%的时间来做20%最重要的事情，即先去处理那些最重要的事，以便有更多时间去思考，同时也会更高效，事情完成得也会更好。

每天至少要有一个小时的时间是不被打扰、全身心投入的

你会发现，在这一个小时里，你的效率能抵过你一天的工作效率，甚至可能好几天。每个人每天都应该有一段这样的时间，全身心投入去完成一件事。

做你自己信任的事

只有对自己所做的事充满信任，你才能分配好时间，分好主次，然后顺利完成。

每一分每一秒都做最有效率的事情

你必须思考一下：要做好一份工作，到底哪几件事情对你来说是最有效率的，列下来，分配时间做好它。

要充分地授权

列出你目前生活中所有可以授权的事情，把它们写下来，然后开始找人授权。找适当的人来授权，这样效率会比较高。

做好“时间日志”

把每天所做的事一一列下来，诸如刷牙、洗漱、化妆、吃饭等日常事务，看看你花了多少时间在哪些事情上，一天结束后再来看，你会发现你做了哪些事，浪费了哪些时间。找到浪费时间的根源，然后想办法改变。

经验大于金钱

用你的金钱去换取别人的成功经验，一定要跟成功人士学习。

做好心理建设

要把时间整理好，得先做自我心理建设。首先要有把事情做好、把时间整理好的强烈欲望。其次是要明确做好时间整理的目标是什么，进而不断实践，最终养成良好的习惯，持续学习。

改变对时间的态度

你要知道，时间就是生命，它比金钱还重要。只有把时间整理好，才能够达成自我理想，实现人生的自我价值。每个人的一天都只有24小时，但成功人士的一天明显比我们都要有价值，因为他们善于利用每一分每一秒。在学习时间整理之后，若你能每天节省两小时，一周五个工作日就能节省十小时，一年至少节省500小时。

获得成就感

每个人都想做一些有成就感的事，所以，为了引导自己去完成一件事，可以想想它能带给你的成就。要成就一件事情，一定要以目标为导向，才能把事情做好。把握“现在”，专注于“当下”，每一分每一秒都要好好把握。时间整理得好，能让人更满足、更快乐、赚取更多的财富，自我价值亦更高。

规划与组织

把所有事务进行合理的规划，学会断舍离，对于一些无用的东西要坚决丢掉。

设定优先级

每个人每天都有非常多的事情要做，我们可以根据二八定律设定优先次序，将事情划分为五类：A=必须做的事情；B=应该做的事情；C=量力而为的事情；D=可以委托别人去做的事情；E=应该删除的事情。最好大部分的时间都在做A类及B类的事。忘掉过去种种，努力于未来。

成功的关键

(1) 有毅力、有耐心地持续工作，直到完成。

(2) 做完工作，给自己适度的报酬与奖励。

(3) 花一分钟做时间规划，可节省四分钟的执行时间。

有效的时间整理，可以让大家专注做好每件事，同时还能够节省出很多自由支配的时间。好好利用这有限的时间，你的人生可以开出灿烂的花来。

本章链接：

目标管理原则

目标管理中有一项原则，叫SMART原则。

S：明确性（Specific）原则

何为明确，当然是指明晰的、确定的，不能有一丝含糊不清。明确的目标往往是一个人或者一个团队成功的先决条件。

比方说，当你想要减肥的时候，你说想要瘦一点。那“瘦一点”是多少？是不是瘦一两斤也算？还是，你其实是想要看到明显的效果：瘦肚子，瘦腿，或者瘦脸？如果想要获得更显著的变化，一定要明确地说明，想要在什么时间前，体脂率下降多少，是否练出腹肌，想要获得一个什么样的身材，瘦多少斤。如此，目标就明确起来了。

再比如说，销售人员被要求为客户提供优质服务。什么是优质服务？也很抽象模糊，不够具体。比如，不能错过客户的电话，24小时都要保证开机，以防发生紧急情况。那何为紧急情况呢？可以定义为：客户决定了要签约的事项。这些事情才算是明晰清楚的，能够让人立马付诸行动的。

很多人效率低，就是因为目标模棱两可，自己都不清楚怎么办，所以自然很难高效完成。

M：衡量性（Measurable）原则

衡量性是指要有一个数据，作为目标完成的指标。如果制订的目标无法衡量，就没法判断目标是否实现。

对于工作目标而言，就要制订一系列的衡量指标，提出实施方案，资源需求，限定完成期限，比如，很多公司给员工制订的年度计划、季度计划、月度计划都是公司考核员工的一个指标。衡量标准要明确，能量化的量化，不能量化的质化。杜绝模糊抽象的描述。

比如，对公司前台有一个要求便是，要接听好电话。这个具体是如何量化的呢?

我们通常的理解是，响三声一定要接起来，这也是对客户最基本的尊重，不能让客户等太久。

对于前台还有一项考核指标：面对来访人员，要有礼貌，要专业。怎么才算礼貌、专业呢?

当有来访人员时，前台即便再忙，也要放下手中的工作，先安顿好来访人员，给他们泡茶，引导他们在会客厅等候，这就是专业。跟来访人员交流时，要亲切称呼对方的职称，要表达感谢和辛苦等。

这些都要量化，没有量化，很难衡量一个人工作目标的完成度。

A：可实现性（Attainable）原则

每一个目标都要有可执行度，可实现性。要根据自身的情形而定。

比如，让一个刚学英语的人一年内达到英语四级的水平，这个目标很难实现。让他记住1000个单词还是可行的，每天记住5个单词就足够了，这是他能做到的，也是意义所在。

上司在给下属下达任务时，也要考虑是否可实现。如果给下属太难完成的任务，很容易让下属产生抗拒心理，而且完成不了的时候，影响的是整个项目的进度。

一个称职的领导要不时与员工沟通，让员工发挥自己所长，而不是时常给员工下达艰难的任务。双方要保持沟通，领导要慢慢带动员工的成长，那么终有一天，所有不可能都会变为可能，所有的目标都是可实现的。

R：相关性（Relevant）原则

相关性原则指的是要实现的目标与其他目标要有关联性。如果实现了既定目标，但与其他目标毫不相关，那么，即便这个目标实现了，也没什么意义。

我们来看一个例子：一位酒店经理要求前台的接待人员学习英语以便接待客人和接电话时用得上。显而易见，前台英语水平的提高与酒店的服务质量是相关的。这就是合理的工作目标。

工作目标与岗位职责要相匹配，因此设定的工作目标要与组织目标达成一致，不能跑题。

T：时限性（Time-bound）原则

要给目标制订一个截止日期，没有时间限制的目标，很容易让人懈怠、拖延。在工作上，没有时间限制也就无法考核。所以，做事要有轻重缓急，要分清先后顺序，要按时按量地完成工作任务。

这也是各种规划存在的意义，记录项目进度，定期检查完成程度，以及能够根据一些变化做出及时的调整，以便更高效地完成工作。

第十章

面对财富，保持一颗平常心

知足常乐，人生更从容

知足，是我们老生常谈的一个话题。不过很少有人能够达到这个境界。我们的欲望太多了，总是很难知足，所以也很难感受到生活的乐趣。

很多人为了权利、财富穷其一生，即便站到了一个较高的位置，也永远不知足。得到了车子想要房子，得到了房子想要别墅，一千万元不够，想要赚一亿元……因为这些，错失了太多太多的幸福。

古语云，鱼与熊掌不能兼得。如果总是痴心妄想，就会很容易失去最简单平凡的快乐。

你心底深处最想要的是什么？每个人都想要快乐，可快乐究竟是什么？每个人对此有不同的理解和感受。其实快乐很简单：学会知足。

有一则短故事是这样讲的：在沙漠里，两个饥渴难耐的人在一个茅草棚里见到了半杯水。一人说："太好了，这半杯水可以让我缓解一下口渴，足以奔赴后面的行程。"另一个人想着，怎么只有半杯水呢，这哪里够呢？面对同样的半杯水，两个人给出了截然不同的反馈。第一个人是很开心的，因为他懂得知足；第二个人却满怀抱怨，给自已徒增了许多烦恼。

还有一个流传甚广的富翁和渔夫的故事，相信很多人都看过。

某个晴朗的天气，一位富翁到海边度假，他在海边见到一位正收工的渔夫，富翁很好奇，问道："今天天气这么好，你怎么收工这么早呢?"

渔夫回道："我已经完成今日的任务量啦，我每天告诉自己，捕10公斤就够了。正因为今天天气好，所以收工早。现在可以在海边惬意玩耍了。"

富翁又问道："你怎么不趁着天气好多捕点鱼呢?"他想跟渔夫分享他的致富之道。

渔夫道："那多辛苦啊，多捕没什么用的。"

富翁急不可耐地讲道："年轻时多辛苦一点，多捕点鱼，然后拿去卖，我想你很快就能买一艘大船。"

渔夫点点头，表示赞同，问道："然后呢?"

富翁说道："等你有了一艘大船后，你可以雇很多人，帮你捕更多鱼去卖，赚更多钱。"

渔夫紧跟着问道："然后呢?"

"到时候，你有了很多钱，可以开个连锁鱼类加工厂，雇用工人，你就可以不用再辛苦了，不用为生活发愁了啊。"

"不过，现在我似乎也不愁啊。收了工，可以和你一样在沙滩晒太阳、睡觉。"渔夫回应道。

富翁无言以对。

其实渔夫挺快乐的，因为他很知足。富翁如今也很快乐，不过他辛苦了大半生，才换来当下的那份惬意。

这个世界上有太多美好的事物，我们不可能得到所有，所以一定要学会知足。只有知足，才能常乐。人若是被欲望左右，就会变得可怕，或许他们的物质条件会越来越好，但是会在永无止境的追求当中失去许多宝贵的东西，甚至从来没有享受过真正的快乐，绚丽的外表下藏着一颗空虚的心灵。这样的生活方式，究竟是社会的进步，还是人类的悲哀呢？

很多时候，我们太患得患失了，想得到的太多，失去的也会更多。我们要学会调整自己的心态，人生不如意之事十之八九，有些东西我们是够不到的，所以何必那么苛求呢？过于执着，只会让自己更痛苦。

人一辈子所求为何，不过“快乐”二字。学会知足是我们一生的功课，懂得知足便离快乐更近一步。

不做金钱的奴隶

赚钱是为了什么？也许很多人都认为这是一个“傻瓜式”的问题，赚钱不就是为了让自己的生活过得更好一些，更快乐一些，更幸福一些吗？可是，那些整天为了钱而奔波的人，当你忙着淘金的时候，是不是还记得自己最初的愿望呢？你真的得到快乐了吗？你真的感到幸福吗？在金钱面前，你是否连最后的一丝自尊与道德也变得不堪一击呢？

西方有句谚语：金钱就是上帝抛给人类的一条狗，它既可以逗人，也可以咬人。东方有句谚语：钱不是万能的，但没有钱是万万不能的。两句话都表明金钱的双面性。面对金钱，很多人都不知道如何自处，有人做了金钱的主人，也有人成了金钱的奴隶。

追求金钱是没有错的，正是因为有这种欲望，人们才会去努力奋斗，去创造财富。但错的是，很多人在财富面前迷失了心志，他们不顾一切地去掠夺财富，甚至不讲仁义道德，发不义之财，在欲望的旋涡中打拼、彷徨、挣扎，难舍难弃，无法自拔，终日为钱所累，也泯灭了自己的本性。最后，虽然金钱越来越多，但是依然无法满足他们的

“野心”，因为他们的欲望也越来越强烈。

很久很久以前，有一个大财主，他非常富裕，家里良田万亩，生意无数，请了数十位账房先生给他管账。他拥有很多人几辈子都赚不来的钱财，可是他一点儿都不快乐，每天都睡不好，害怕某笔生意做不成，害怕良田里的粮食被人偷去，害怕家里来贼……想到这些他便焦躁难安。

他的租客与他截然不同。两年前，财主把家里剩余的几套房子都租出去了。当时租给一对夫妇的时候，夫妻俩还跟他讨价还价了一阵子，他们是做小本生意的，日子过得十分清苦，不过他们每天都有说有笑，十分快乐。每到过年，孩子们也会从外地过来，一大家子其乐融融，会给财主送很多他们做的家乡菜。

财主对这一家子的欢笑，百思不得其解，他不知道为什么他们如此穷苦，却还能过得那么开心。他去问账房先生，这是为什么，账房先生答复道：“你给他们扔一些钱过去就行了，他们会告诉你答案的。”

财主按照账房先生的答复去办了，他趁着天黑，给夫妇俩扔了五百两银子过去。夫妇俩第一次见到这么多钱，他们一辈子可能都赚不到这么多。他们欣喜若狂，然后冥思苦想，要如何把银子藏起来，如何避免被他人偷走，如何花才能不被他人发现这是天降之财。有了这些钱，他们的生活彻底被打乱了，财主再也没听到他们的欢笑声。至此，他也明白了，自己不快乐的根源，原来都是跟钱有关。

故事中的财主虽然有奢华的物质享受，但他的内心却从未得到过真正的快乐，而隔壁的穷夫妻尽管日子清苦，却没有过多的烦恼。“从天而降”的五百两银子打破了他们平静的生活，如果知道这是财主为索求答案而故意为之，不知他们会做何感想呢？

世俗的人总是认为，金钱的多少是衡量一个人成败和存在价值的标准。这也正是那么多人苦苦追求金钱的原因之一。但事实真的如此吗？一个依靠卑劣手段发家致富的人，值得我们尊敬吗？就像守财奴葛朗台一样，他的一生都为金钱所累，甚至为了钱可以不顾妻子和女儿的幸福。试问，这样的人活在世上是否有价值呢？

诚然，追求金钱是没有错的，因为它可以帮助人们实现很多理想，得到想要的东西。但人生在世并不是只有金钱才值得追求，倘若一个人的眼中只有金钱，那么天长日久便会形成一种可怕的习惯。这种习惯主宰着他们的意识，控制着他们的思想，影响着他们的人生，直到有一天火烧眉毛了他们才发现：原来这样的生活一点都不快乐，原来这样的人生一点都不值得。

一项调查显示，人类有70%的烦恼都和金钱有关。只为了钱而活着的心理，是一种不健康的心理，只为钱活着的人的一切所作所为都被钱左右，他们没有第二条路可

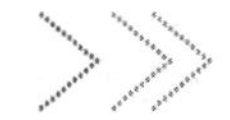

走，只会在金钱面前变成奴隶，埋没其他有价值的理想和目标。

在伊朗的某个原始部落，大多数人都靠着一门手艺过活，其中有一位老人，他家世世代代都靠编织草帽为生。

有一天，一个观光团来到了这里，看到了老人的草帽，有位游客就想，如果把这些草帽弄到巴黎去卖，一定会火的。他觉得这是一笔可进行的买卖。

于是，他兴致高昂地问老者："请问，这些草帽多少钱一个？"

老人答复道："18里亚尔。"

这位游客希望可以把价格压低，又继续问道："如果我买10000个这样的草帽，可以便宜吗？"

可是让他吃惊的是，老人说道："那得要25里亚尔一件了。"

游客被逗笑了，以为老人拿自己取乐呢，反问道："您别开玩笑了，买得多不应该便宜吗，您怎么还算贵了呢？"

老人慢条斯理地回道："如果做10000个草帽，会占据我大量的时间，我就没有时间忙别的了。我会无聊死的。"

老人的答案，值得我们反思。其实钱是赚不完的，除了赚钱之外，我们还需要懂得如何好好地生活，世界上有很多比赚钱更重要的事值得我们去追求。不做金钱的奴隶，对财富保持平常心，我们才会更容易获得快乐和幸福。

平衡金钱与健康的关系

金钱与健康，到底谁更重要？很多人拼命追求金钱，不惜透支自己的健康，这就很不划算了。这个世界上，钱是赚不完的，一个人没了健康，多少钱都与你无缘，你的身体不好，就什么都做不了。

大家都要好好平衡金钱和健康的关系，辛苦赚钱之余，也要照顾好自己的身体。

没有健康的身体，一切都是零。

没有健康的身体，金钱和名利也都没有价值。

一位公司的总经理因为心脏病发作被送到了医院，在医院苏醒过来后，想到自己还有很多事没有处理，没时间躺在病床上，他立即拔掉了输液针。当然，他还没走出病房就被医生拦住了。

医生拿着一份他的体检报告，以及医院统计的近年来因为心脏病猝死的数据资料，告诉他：“如果你不珍惜自己的身体，总有一天，你会再也醒不过来。没有你公司会照常运作，不过，你的亲人失去了你，他们会很难过。”

听完医生的一番分析，他冷静了下来，经过一番慎重的

考虑，他决定辞掉工作，好好治病，不再想着工作上的事，安心在医院养身体。想到这里，他整个人都轻松了。半年后，他恢复了健康，想通了很多问题，人生在世，健康最重要。那家公司没有他，正常运行着，至今仍是行业内的传奇。

一个人要成功，要拼事业，自然离不开健康的体魄。身体是革命的本钱，要不然大业将成，你却倒下了，一切都白搭。

所以，大家不要过度挥霍自己的身体，要好好吃饭，少熬夜，早睡早起。

那么，我们在辛苦工作赚钱之余，如何照顾自己的身体呢？下面是卡耐基为我们提供的五项建议。

(1) 请在工作之余，看一些和消除神经紧张、缓解工作压力有关的书。

(2) 随时放松你自己，使你的身体软得像一双旧袜子。如果做不到这样，你也可以学学太阳底下睡觉的猫，放松得像一张塌下去的报纸。

(3) 工作时采取舒服的姿势。要记住，身体的紧张会产生肩膀的疼痛和精神上的疲劳。

(4) 每天自我检查，问问自己：“我有没有使自己的工作变得比实际上的更繁重？我有没有使用一些和我的工作毫无关系的肌肉？”这些都有助于你养成放松的好习惯。就像医生所说的：“那些对心理学最了解的人都知道，疲倦有2/3是习惯性的。”

(5) 每天晚上问问你自己:“我到底有多疲倦?”某企业家说:“如果哪一天过完后我感到特别疲倦,或者我感觉自己的精神特别贫乏的时候,我会清楚地知道,这一天不论在工作的质还是量上我都做得不够。如果每个企业家能学会这一点,因为神经紧张引起疾病致死的比例就会马上降低。而且,那些精神疗养院里,也不会再有那么多因为疲劳和忧虑导致精神崩溃的人了。”

总而言之,健康是你赚钱打拼的资本,在工作之余,请一定要照顾好自己的身体。

要节俭,但不要吝啬

一般人往往把节俭和吝啬看作一对孪生儿,这是一个天大的错误。其实,“节俭”的意思是:当用则用,当省则省;换句话说,就是省用得当。而“吝啬”的意义却是当用不用,不该省也省。

大家在花钱的问题上,一定要明白,要把钱用在你想要以及必要的事情上,要节俭而不是吝啬。

有一个年轻人毕业后,到了印刷厂工作,每天跟着师

傅们学习新的技术，也能拿到一笔工钱。自从工作后，他妈妈也对他提了要求，要他每个月给家里一笔伙食费。

本来工钱就没多少，妈妈还提出这样的要求，年轻人觉得有些委屈。不过他也无法拒绝，每月按时上缴一笔钱给妈妈。几年后，当他准备要自己创业时，他的妈妈拿出了一张银行卡，对他说："儿子，这是这几年你给家里的钱，你现在可以拿回去了。我当初那么做，就是想帮你攒下一笔钱。"他眼眶通红，至此才明白妈妈的一片苦心。

后来，这个年轻人开了一家印刷厂，他的印刷厂在业内很有名，与那些挥霍无度的小伙伴相比，他算是同学里混得最好的了。

通常人们认为"节俭"这两个字的含义应该是"省钱的方法"，其实这是不正确的，应该解释为"用钱的方法"。也就是说，我们应该怎样去购置必要的家具，怎样把钱花在恰当的用途上，怎样安排自己的衣、食、住、行以及生育和娱乐等方面的花费。

在商场上，很多喜欢出风头、爱面子的人，总喜欢大手大脚地花钱，以此来撑门面。这种人，一旦遇到重大变故，肯定站不起来，因为他没有积蓄，该用钱的时候一点钱都拿不出来了。所以，平时要节俭一点，少花一些，这样，在紧急时刻，需要钱的时候也不至于没有钱。

致富的唯一方法就是赚得多、花得少。如果你不想因有人讨债而气恼，不想忍受饥饿和寒冷的痛苦，那么你最好和忠、信、勤、苦四个字交朋友。同时，不要让你赚得的任何一分钱从你的手中轻易地溜走。

由此可见，不能不节俭，手里有钱才是最大的底气。

加拿大渥太华有两位“吝啬作家”，一位我们叫他尼克森，另一位我们叫她达希·珍，他们都办了一份教人如何节俭的报纸。

尼克森编辑出版的报纸叫《吝啬家月报》，传播勤俭致富的一些干货。除此之外，他还有一个电台节目，叫“省下来就是你的钱”，每周日和听众分享一些省钱致富的秘诀。在杂志月报里，他提到了一些小秘诀，要从收入中强制储蓄一笔钱；每次购物后，都要检查和核对收据，详细列一份预算和支出表；妥善保管信用卡，不要拖欠；外面吃饭很贵，尽可能自备便当；不要打车，要多坐公共交通工具；去廉价商场和商店购买东西，享受最优惠的折扣；买东西时要记得讲价，不要对方说多少就给多少……

另一位“吝啬作家”达希·珍，有一个响亮的外号——狂热节俭家，她自费出版的报纸叫《安全守财奴月报》。多年来致力于向读者提供省钱致富的秘诀。她曾举过一个生动的例子：一位高管虽然年薪很多，但有时候为了充面子，花在服装、应酬、奢侈品上的钱远远超过了他的报酬，消费太高，入不敷出，这是极大的危机。每个人都要回归到简单的日子上，即便赚得不多，也能存下很多钱。她在最后还强调，你省下来的一块钱，大于你赚进的一块钱。

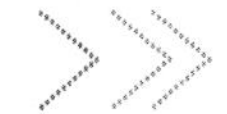

从他们的节俭方法中我们不难看出，节俭不是吝啬，不是委屈自己。适当地规划自己的消费，该花的钱要花，不该花的坚决不要花，你的钱很容易就省下来了。

韩国有一位富豪这样说：“吝啬不是节约，吝啬是指不肯花一分钱就想去做任何事，有了机会也不知道投资，因而失去了赚钱的机会。我在事业当中经常遇到这种人，我为他们感到惋惜，机会和钱都是需要努力争取的，但是吝啬的人由于不愿去亲近机会，而自己堵塞了赚钱的门路。”

所以，合理对待金钱的法则是：当用则用，当省则省。老人们说“把钱用在刀刃上”，也是同样的道理，这才是真正的节俭。

赚钱不怕晚，小钱不嫌少

“从小钱开始”是成大事者常用的手段，而有些人一心想赚大钱，对小钱一点儿都不屑，结果大钱小钱都没有赚到。

世界上许多富翁都是从小商小贩做起的。只要扎扎实实地赚每一分钱，重视每一笔钱，知道钱来之不易，懂得节俭，终有一天，这些钱会积少成多。

我们来看看关于积少成多的陈光甫的故事。

陈光甫，江苏镇江人，早年进私塾学习，12岁被父亲带到汉口报关行做学徒。工作时兢兢业业，同时，他自学英语，后来考入汉口邮政局。1904年，得到公费资助留学美国，在宾夕法尼亚大学商学院攻读财政金融专业。1909年学成归国后，由于社会形势太差，他也多次变动工作。直到1915年，他下定决心自己办一家银行，向朋友借了10万元，筹办了上海商业储蓄银行。

其实办银行是需要大钱的，而陈光甫以10万元就入场了，一时间被各大银行讽刺。因为规模小、资金少，很多人也看不上他的银行，刚开始时，没多少客户。陈光甫决定提供优质的服务来吸引客户，而且主要是面向那些没有大额存款的客户。

他采用了“一元储蓄”策略，提出以一元钱开户头的创意。开办之初，有很多人刁难他，说要拿100元让他开100个户头。面对这样的刁难，他依然给予热情的服务，至此，他热情服务的美誉就传播开来了。他去工厂、学校，向大家卖力宣传储蓄的好处，大家也很吃这一套，他也获得了不少存款，帮助不少家庭获得了稳定的理财收益，也帮助很多有困难的人贷到了需求款。

历史资料显示，从1915年至1922年，陈光甫经营的上海商业储蓄银行的存款额高达1345万余元。存款额之高，在当时的四五十家商业银行中名列前茅。大银行看不起的蝇头小利，成就了陈光甫的大事业。

累积七年，每月需吸收多少存款？这些数字并不难算，可是能算出每天所付出的辛苦劳作吗？

旧时商人的不舍微利，既表现出其“大鱼”“小鱼”兼得的盈利思想，又表现出他们高明的经营技巧。微不足道的小商品，也能成为生活中的必需品，薄利多销，蝇头小利也能成就大江大海。

生活中，很多人都好高骛远，不重视脚下每一步路的积累，当然，最后往往都一事无成。正如荀子在《劝学》中所言：“不积跬步，无以至千里，不积小流，无以成江海。”

每个人的成功都是从小事做起的，不要忽视一点一滴的小事，想要赚大钱，先把小钱赚了再说。

莫以成败论英雄，莫以名利论成功

“功名乃瓦上之霜，利禄如花尖之露”，一个人只有以平和的心态对待功名与利禄，舍去贪婪与名利等一切是是非非，才会做到无忧无虑、清静自如，才会脚踏实地地做人。

政论家邹韬奋曾经说：“一个人光溜溜地到这个世界来，最后光溜溜地离开这个世界而去，彻底想起来，名利都是身外之物，只有尽一个人的心力，使社会上的人更多得到他工作的裨益，才是人生最愉快的事情。”

毋庸讳言，重名爱利是人们的心理常态之一。在物欲横流、精神匮乏的时代，每个人都想在不断忙碌中有所收获，而金钱、地位、名誉仿佛已成为收获的代名词。然而，在物欲潮流袭来之时，能够力戒浮躁、力戒随波逐流、力戒张扬的人又有多少呢？那些不为名利所累的人，往往都是名利双收的成功人士，而图名利的人最终都会身败名裂。

《庄子·秋水》中有这样一则故事。

在阳光明媚的天气里，庄子去池塘边钓鱼。兴致正高时，来了两个使臣，他们奉命前来邀请庄子到楚国帮助楚王处理政务。见到庄子，他们礼贤下士，好言好语，可惜，庄子一言不发，握着鱼竿，似乎根本没听见旁边有人在说话似的。见庄子没有任何回应，使臣又叫了庄子一声，顿了顿，听见庄子说道：“听说楚国有一种神龟，已经死去3000年了，但是楚王把它安置在竹箱里，用布帛裹上，把它供奉在宗庙里。对这只龟而言，它是想要死后尊贵呢，还是宁愿在污泥里爬行呢？”

两位使者答道：“当然是更想要拖着尾巴在污泥里爬行呀！多自在逍遥。”听罢，庄子也意味深长地说道：“所以，你们回去吧，我也宁愿在污泥里潇洒地活着，而不愿死后尊贵。”

庄子的淡泊名利由此可见，生于世间，他根本不在乎

那些名利。正因为有一颗安于世俗的心，他成了让人仰慕的思想家，他也得以在自己的奇思妙想里遨游，一世自在逍遥。

举凡世间有大成就的科学家、文学艺术家们，都是心高志洁、有情有义、重义轻利的。

人生最大的满足是认识自己并不断超越自己。认识自己，并不是一件轻而易举的事情；超越自己，更是一种弥足珍贵的能力，自我满足往往比他人的评价更为重要。或许，当别人由于金钱、地位而趾高气扬时，你会感到自卑，感到失落。然而，当静下心来认真思考时，你就会觉得这一切均是身外之物。人生在世，趋利避害、追名逐利本是人之常情，但也应顺其自然、适可而止。倘若任由名利的欲念肆意疯长，势必将被名缰利锁深深束缚；倘若不择手段地争名夺利，就会落得个身败名裂的可耻下场。

朱熹曾经说过："凡名利之地，退一步便安稳，只管向前便危险。"也就是说，莫以成败论英雄，莫以名利论成功。只有淡泊，才能明志；只有宁静，才能致远。

本章链接：

当个精明的消费者

在江苏的一座小镇上，王小丹一家被称为“最节俭的家庭”。这个三口之家，一年的收入不过5万元，低于当地的平均收入（平均收入大概6.5万元），不过他们有极佳的“省钱之法”，所以，他们从没有为钱受过苦。

他们是如何做到的呢？

他们把每月的饮食花销控制在1500元内，每天的花销最多50元。王小丹说：“这就完全够啦，可以买很多菜呢。”她说这话时，脸上写满了骄傲。

此外，他们制订了很多方法。

(1) 每个月只有一次大型购物：因为逛得多一定会买得多、花得多。

(2) 买打折便宜的商品：每次去超市，他们都会去打折区，有的时候，很多东西他们都会等到打折再购买。衣服也总是买反季节的。

(3) 买东西前做翔实的计划：他们会列明自己的需求，合理采购。

(4) 提前购买节日物品：每到重大节日，其实都是物价高涨的时候，所以王小丹一般都不会在这种时候去凑热闹，她会提前把需要的物品购买好，以防涨价。

（5）做好预算，甚少大肆挥霍。

（6）永不花费超过钱包内总金额的80%：从结婚以来，王小丹会把每个月要花费的钱放在钱包里，用于买食物、衣服、给付房租等，她给自己的花费要求是：不能超过钱夹内总金额的80%。

（7）抓住机会，想办法赚钱。王小丹喜欢理财，所以她自己研究学习了很多理财方法。同时，她还自己开公众号写理财心得，由此，她也收获了不少粉丝，赚来了不少的钱。

做一个精明的消费者，就是要让花出去的每一分钱都有最大的回报率。在消费时，做好规划，不要东一榔头西一棒槌，看见什么都想要，尽量减少不必要的挥霍。

消费前多问问以下几个问题：为什么要买？买什么？何时买？在什么地方买？谁去买？

“开门七件事，柴米油盐酱醋茶”，衣食住行处处都是消费，如何从这一团乱麻中理出头绪呢？这里借用营销中“五W”理论为大家提供几点意见。

WHY：为什么要买

家庭的收入支出要达到平衡，不能过度消费，也不能攀比跟风。

把所有的消费列出来。其实个人和家庭的消费不外乎这些：吃穿住行的基本消费；教育学习、成长理财的消费。这两类是合理且必要的，不过也要分轻重缓急，比如，衣服家具等的需求要放在食物之后，游玩的需求也要放在基本需求之后。赚钱不易，每次消费时都要问问自己“为什么”，给自己一个确定的理由，不要乱消费。

WHAT：买什么

合理的家庭消费要根据收入情况来确定，总的原则是：量入为出，有所节余。

家庭消费首先要保证生活必需，对更高品质的追求要放在收入增长之后，不能脱离现实，要减少超前消费。

WHEN：何时买

消费的时机也很重要，新产品刚上市时，价格肯定很高，所以，不妨等等看，等到市场饱和后再购买。比如，像电子类的产品，其实更新换代很快，没必要追求太新的产品，时髦虽然好，但是成本也高，还是要理性消费。反季节的商品也可以看看，会便宜很多。

WHERE：在什么地方买

选择到什么地方买也是很重要的，所以才有一个词叫“货比三家”，多走走，多看看，多重对比之后，才能买到最满意且价格最合适的商品。

WHO：谁去买

在家庭里，女性比男性往往更精明，而且女性是消费的主体，她们会更清晰需求和预算，所以，尽量让妻子去操劳这些事。